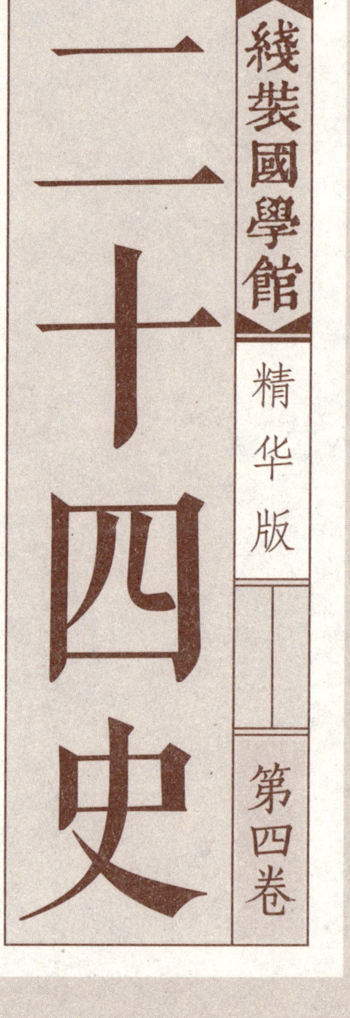
綫裝國學館
二十四史
精华版
第四卷

新五代史

二十四史精华

宋·欧阳修著

唐庄宗本纪

存勖，克用长子也。初，克用破孟方立于邢州，还军上党，置酒三垂岗，伶人奏《百年歌》，至于衰老①之际，声甚悲，坐上②皆凄怆。时存勖在侧，方五岁，克用慨然捋须，指而笑曰：『吾行老矣，此奇儿也，后二十年，其能代我战于此乎！』存勖年十一，从克用破王行瑜，遣献捷③于京师，昭宗异其状貌，赐以鸂鶒卮、翡翠盘，而抚其背曰：『儿有奇表，后当富贵，无忘予家。』及长，善骑射，胆勇过人，稍习《春秋》，通大义，尤喜音声歌舞俳优之戏。

天祐五年正月，即王位于太原。叔父克宁杀都虞候李存质，幸臣史敬镕告克宁谋叛。二月，执④而戕之，且以先王之丧、叔父之难告周德威，德威自乱柳还军太原。梁夹城兵闻晋有大丧，德威军且去，因颇懈。王谓诸将曰：『梁人幸我大丧，谓我少而新立⑤，无能为也，宜乘其怠击之。』乃出兵趋上党，行至三垂岗，叹曰：『此先王置酒处也！』会天大雾昼暝，兵行雾中，攻其夹城，破之，梁军大败，凯旋告庙。九月，蜀王王建、岐王李茂贞及杨崇本攻梁大安，晋亦遣周德威攻其晋州，败梁军于神山。

注释 ①衰老：即曲子的渐渐衰老的一段。②坐上：指在座的人。③献捷：报捷报。④执：抓住之意。⑤新立：刚刚即位。

译文 李存勖，是李克用的大儿子，当初，李克用在邢州攻破孟方立，撤军回上党，设置酒宴于三垂岗上，乐师演奏《百年歌》，奏到衰老时的那一段曲子，声调哀婉，宴席上在座的都感到无限凄凉。刚五岁的李存勖当时也在旁边，李克用捋着胡须，感慨地用手指着李存勖笑道：『我将越来越老了，这个孩子很奇特，二十年后，他能代替我在这一带打仗！』李存勖十一岁那年，跟随李克用打败王行瑜，被派往京城献捷。唐昭宗觉得他的相貌不同一般，把鸂鶒卮、翡翠盘赐给他，还拍着他的背说：『这孩子生得一表人才，以后一定会大富大贵，到那时别忘了我。』等他长大，胆识勇气超过常人，善于骑马射箭，对《春秋》粗通书中大义，特别喜爱音乐歌舞和戏剧。

天祐五年正月，李存勖在太原即晋王王位。他叔父李克宁杀了都虞候李存质，他宠爱的臣子史敬镕报告李克宁阴谋叛变。二月，李存勖捉住并杀死了李克宁，又把先王丧故、叔父叛乱的事情告诉周德威，周德威才从乱柳撤回太原。梁朝夹城兵听说晋有大丧，周德威的军队将要离去，因此有些松懈。晋王对诸将说：『梁人对我们的大丧幸灾乐祸，认为我年少而且刚刚继位，不能有所作为，应该乘他们懈怠而攻击他们。』于是出兵直奔上党，走到三垂岗时，叹息说：『这是先王当年摆设酒宴的地方呀。』正好这天漫天大雾，军队在雾中前进攻击梁军的夹城，城破，梁军大败，凯旋，告慰祖庙。九月，蜀王王建、岐王李茂贞和杨崇本进攻梁的大安，晋王也派周德威攻打晋州，并在神山打败梁军。

六年，刘知俊叛梁，来乞①师，王自将至阴地关，遣周德威攻晋州，败梁军于蒙阮。七年冬，梁遣王景仁攻赵，赵王王镕来乞师，诸将皆疑镕诈，未可出兵，王不听，乃救赵。八年正月，败梁军于柏乡，斩首二万级，获其将校三百人，马三千匹。讲攻邢州。不下，留兵围之，去，攻魏。别遣周德威徇梁夏津、高唐，攻博州，破东武、朝城，遂击黎阳、临河、淇门，掠②新乡、共城。

燕王刘守光闻晋攻梁深入，乃大治兵，声言③助晋，王患之，乃旋师。七月，会赵王王镕于承天军。刘守光称帝于燕。九年正月，遣周德威会镇、定以攻燕，守光求救于梁，梁军攻赵，屠枣强，李存审击走之。八月，朱友谦以河中叛于梁来降，梁遣康怀英讨友谦，友谦复臣于梁，而亦阴附于晋。十年十月，刘守光请降，王如幽州，守光背约不降，攻破之。十一年，杀燕王刘守光于太原，用其父仁恭于雁门。于是赵王王镕、北平王王处直奉册推王为尚书令，始建④行台。七月，攻梁邢州，战于张公桥，晋军大败。

十二年，魏州军乱，贺德伦以魏、博二州叛于梁来附。王入魏州，行至永济，诛其乱首张彦，以其兵五百自卫，号⑤帐前银枪军。六月，王兼领魏博节度使。取德州。七月，取澶州。刘鄩军于洹水，王率百骑觇其营，遇鄩伏兵围之数重，决围⑥而出，亡七八骑。八月，梁复取澶州，晋军与鄩对垒于莘，晋军数挑战，鄩闭壁不出。

注释 ①乞：求。②掠：掠取之意。③声言：声称之意。④始建：开始建立。⑤号：叫。⑥决围：突出重围。

译文 六年，刘知俊背叛梁，来求援军，晋王亲率军队到达阴地关，派周德威攻打晋州，在蒙阮打败梁军。七年冬天，梁太祖派王景仁攻打赵州，赵王王镕前来求援兵，各个将领都怀疑王镕居心叵测，恐防有诈，都认为不可出兵，晋王没有听从这些意见，于是出兵救赵。八年正月，在柏乡打败梁军，斩两万首级，俘获梁军将校三百人、马三千匹。进攻邢州，未能攻下，留兵围城，后又撤离进攻魏州，另派周德威攻略梁的夏津、高唐，进攻博州，于是攻破东武、朝城，接着进攻黎阳、临河、淇门，抄掠新乡、共城。

燕王刘守光听说晋军深入攻打梁国，就大规模整治军队，声称援助晋王，晋王担心燕军从背后进攻，于是回军。七月，

在承天军与赵王王镕相会。刘守光在燕称帝。九年正月，晋王派周德威会合镇、定两州的军队进攻燕，刘守光向梁太祖求救，梁军进攻赵王，屠杀枣强民众，李存审打跑梁军。八月，朱友谦在河中背叛梁朝前来投降，梁太祖派康怀英讨伐朱友谦，朱友谦再次向梁称臣，同时也暗中依附于晋。十年十月，刘守光请求投降，晋王前往幽州，刘守光违背盟约不投降，晋军攻破幽州。十一年，在太原杀死燕王刘守光，在雁门用刘守光父亲刘仁恭来祭奠李克用。到这时赵王王镕、北平王王处直奉表推举晋王为尚书令，开始建立行台。七月，晋攻打梁的邢州，交战于张公桥，晋军大败。

十二年，魏州军队叛乱，贺德伦率领魏、博两州背叛梁朝前来晋国归附。晋王进入魏州，来到永济，杀了叛乱首领张彦，把他五百名士兵编入自己的卫队，号称帐前银枪军。六月，晋王兼任魏博节度使。攻取德州。七月，夺取澶州。刘郓屯驻在洹水，晋王率领百名骑兵侦察他的军营，遇上刘郓伏兵的重重包围，突围而出只损失七八名骑兵。八月，梁军又夺取澶州，晋军与刘郓在莘县对垒，晋军几次来挑战，刘郓紧闭垒壁不出。

十三年正月，王留李存审于莘，声言西归。郓闻晋王且去，即引兵①击魏，攻城东。王行至贝州，返击郓，大败之，追至于故元城，又败之，郓走②黎阳。三月，攻梁卫州，降其刺史米昭；克洺州，杀其刺史靳昭。四月，克洺州。八月，围邢州，降其节度使阎宝。梁张筠弃相州、戴思远弃沧州而逃，遂取二州，而贝州人杀梁守将张源德，以城降。

契丹寇蔚州，执振武节度使李嗣本。十四年，契丹寇③新州，遂寇幽州，李嗣源击走之。冬，梁谢彦章军于杨刘。十二月，攻杨刘，王自负刍④以堙堑，遂破之。

十五年正月，梁、晋相距于杨刘，彦章决河水以隔晋军。六月，渡水击彦章，破其四寨。八月，大阅⑤于魏。合卢龙、横海、昭义、安国及镇、定之兵十万、马万匹，军于麻家渡。谢彦章军于行台。十二月，进军临濮，梁军追之，战于胡柳，晋军大败，周德威死之。梁军暮休于土山，晋军复击，大败之，遂军德胜，为夹寨。

十六年正月，王兼领卢龙军节度使。梁王瓒攻德胜南城，不克。十月，广德胜北城。十二月，败梁军于河南。十七年，朱友谦袭同州，梁遣刘郓击友谦，李存审败梁军于同州。

注释 ①引兵：即率兵。②走：逃跑之意。③寇：进犯之意。④负刍：即背草。⑤阅：即阅兵。

译文 十三年正月，晋王留下李存审在莘县，声称西归。刘郓听说晋王要回去，就率领军队击魏，攻打城的东边。晋王行军到贝州，回头来打击刘鄩，追击他的军队，并追到故元城，再次击败刘鄩军队，刘鄩逃到黎阳。三月，晋王攻梁的卫州，卫州刺史米昭被降服；攻克磁州，刺史靳昭被杀死。四月，攻克洺州。八月，包围邢州，迫使邢州节度使阎宝投降。梁将张筠放弃相州、戴思远放弃沧州而逃跑，于是晋夺取了这两个州，而且贝州人杀死梁朝守将张源德，以城投降。

契丹侵犯蔚州，生擒振武节度使李嗣平。十四年，契丹入侵新州，接着进犯幽州，李嗣源打跑契丹兵。冬季，梁将谢彦章屯驻于杨刘。十二月，晋军进攻杨刘，晋王亲自背草填埋壕沟，于是攻破杨刘。

梁、晋的军队十五年正月在杨刘相对峙，谢彦章决放黄河水来阻挡晋军。六月，晋军渡水攻击谢彦章，攻破他的四座营寨。八月，晋王在魏州大阅兵，会合卢龙、横海、昭义、安国及镇、定两州的军队十万人、马一万匹，屯驻在麻家渡。谢彦章屯驻在行台村。十二月，晋王进军到临濮，梁军追来，双方战于胡柳，晋军大败，周德威战死。梁军傍晚在土山宿营，晋军再度进攻，大败梁军，于是屯驻德胜，建立夹河营栅。

十六年正月，晋王兼领卢龙军节度使。梁将王瓒进攻德胜南城，没有攻克。十月，扩建德胜北城。十二月，在黄河以南打败梁军。十七年，朱友谦攻击同州，梁正派遣刘鄩攻击朱友谦，李存审又在同州打败梁军。

十八年正月，魏州僧传真献唐受命宝一。赵将张文礼弑其君镕，文礼来请命①。二月，以文礼为镇州兵马留后。三月，河中节度使朱友谦、昭义军节度使李嗣昭、横海军节度使李存审、义武军节度使王处直、安国军节度使李嗣源、镇州兵马留后张文礼、领天平军节度使阎宝、大同军节度使李存璋、振武军节度使李存进、匡国军节度使朱令德，请王即皇帝位，王三辞，友谦等三请②，王曰：『予当思之。』

八月，遣赵王王镕故将符习及阎宝、史建瑭等攻张文礼于镇州。建瑭取赵州。张文礼卒，其子处瑾闭城拒守。九月，建瑭战死。十月，梁戴思远攻德胜北城，李嗣源败之于戚城。王处直叛附于契丹，其子都幽处直以来附。十二月，契丹寇涿州，遂寇③定州。

十九年正月，败契丹于新城、望都，追奔至于幽州。三月，阎宝败于镇州，以李嗣昭代之。四月，嗣昭战死，以李存进代④之。八月，梁取卫州。九月，存进败镇人于东垣，存进战死。十月，李存审克镇州。王兼领成德军节度使。

同光元年春三月，李继韬以潞州叛附⑤于梁。夏四月

己巳，皇帝即位，大赦，改元，国号唐。行台左丞相豆卢革为门下侍郎，右丞相卢程为中书侍郎：同中书门下平章事：中门使郭崇韬、昭义监军张居翰为枢密使。以魏州为东京，太原为西京，镇州为北都。

注释　①请命：请求依附。②三请：多次请求。③寇：进犯之意。④代：代替之意。⑤附：依附。

譯文　十八年正月，魏州和尚传真进献唐朝的受命国宝一个。赵将张文礼杀了他的君主赵王王镕，来晋朝请求依附。二月，以张文礼为镇州兵马留后。三月，河中节度使朱友谦、昭义军节度使李嗣昭、横海军节度使李存审、义武军节度使王处直、安国军节度使李嗣源、镇州兵马留后张文礼、领天平军节度使阎宝、大同军节度使李存璋、振武军节度使李存进、匡国军节度使朱令德，请求晋王登上皇帝之位，晋王三次辞让，而朱友谦等人又三次请求，晋王说：『我应当仔细考虑这件事情。』

八月，晋王派遣赵王王镕的旧将符习和阎宝、史建瑭等人进攻镇州张文礼。史建瑭夺取赵州。张文礼死后，他的儿子张处瑾闭城拒守。九月，史建瑭战死。十月梁将戴思远进攻德胜北城，李嗣源在戚城打败戴思远。王处直叛变投靠契丹，他的儿子王都幽禁王处直前来归附。十二月，契丹兵进犯涿州，进而进犯定州。

十九年正月，晋军在新城、望都两个地方打败契丹军队，并且一直追赶到幽州。三月，阎宝在镇州被打败，以李嗣昭代替阎宝。四月，李嗣昭战死，又让李存进代替他。八月，梁军夺取卫州。九月，李存进在东垣打败镇州军队，李存进战死。

十月，李存审攻克镇州。晋王兼领成德军节度使。

唐庄宗同光元年春季三月，李继韬于潞州叛变，归附梁朝。夏四月己巳日，晋王即皇帝位，大赦天下，更改年号，国号为唐。行台左丞相豆卢革任门下侍郎，右丞相卢程任中书侍郎，两人均为同中书门下平章事，中门使郭崇韬、昭义监军张居翰为枢密使。以魏州为东京，太原为西京，镇州为北都。

宋史

二十四史精华

元·脱脱等著

宋史精华

岳飞传

岳飞，字鹏举，相州汤阴人。世力农①。父和，能节食以济饥者。有耕侵其地，割而与之；贳其财者不责偿。飞生时，有大禽若鹄，飞鸣室上，因以为名。未弥月，河决内黄，水暴至，母姚抱飞坐瓮中，冲涛及岸得免，人异之②。

少负气节，沈厚寡言，家贫力学，尤好《左氏春秋》、孙吴兵法。生有神力，未冠③，挽弓三百斤，弩八石，学射于周同，尽其术，能左右射。同死，朔望设祭于其家。父义之，曰：『汝为时用，其徇国死义乎④！』

注释 ①世力农：世代从事农业。②人异之：人们对此感到十分诧异。③未冠：不到二十岁。④汝为时用，其徇国死义乎：你为当代所用，不就是准备为国家献身、为正义而死吗？

译文 岳飞字鹏举，相州汤阴人。他的祖先世代务农。父亲岳和，能节省出自家的粮食以接济饥饿的人。有人耕田侵占了他家的土地，他就割让这块田地送给这人；有人赊欠他的钱财，他也不去索还。岳飞出生时，有一只像天鹅一样的大鸟，飞旋鸣叫于他家房顶之上，因而以此为他取名。没满月，黄河在内黄决口，大水猛烈冲来，母亲姚氏抱着岳飞坐在瓮中，被浪涛冲到岸边得以幸免，人们对此十分惊异。

岳飞少年时代以气节自励，敦厚寡言，家中虽贫穷却发愤学习，尤其喜欢阅读《左氏春秋》和孙、吴兵法。岳飞天生有神力，不满二十岁，能拉三百斤的硬弓，八石的强弩。向周同学习射箭，掌握了他的所有方法，能左右开弓。周同去世后，岳飞在每月的初一和十五都要到他的坟前祭奠。他父亲岳和认为他此举很仗义，对他说：『你如果为当今朝廷所用，不正是准备为国家殉身，为正义而死吗？』

宣和四年，真定宣抚刘韐募敢战士，飞应募。相有剧贼陶俊、贾进和，飞请百骑灭之①。遣卒伪为商入贼境，贼掠以充部伍。飞遣百人伏山下，自领数十骑逼贼垒。贼出战，飞阳北，贼来追之，伏兵起，先所遣卒擒俊及进和以归。

康王至相，飞因刘浩见，命招贼吉倩，倩以众三百八十人降。补承信郎②。以铁骑三百往李固渡尝敌，败之。从浩解东京围，与敌相持于滑南，领百骑习兵河上。敌猝至③，飞麾其徒曰：『敌虽众，未知吾虚实，当及其未定击之。』乃独驰迎敌。有枭将舞刀而前，飞斩之，敌大败。迁秉义郎，隶留守宗泽。战开德、曹州皆有功，泽大奇之，曰：『尔勇智才艺，古良将不能过，然好野战，非万全计。』因授以阵图。飞曰：『阵而后战，兵法之常，运用之妙，存乎一心④。』泽是其言。

注释 ①飞请百骑灭之：岳飞请求率一百名骑兵将其消灭。②补承信郎：岳飞补任承信郎。③敌猝至：敌军突然袭击。④阵而后战，兵法之常，运用之妙，存乎一心：布阵而后作战，是兵法的常规，然而要把它运用得巧妙娴熟，却在于自己的内心体会。

译文 宣和四年，真定宣抚使刘韐招募勇敢的战士，岳飞去应募。相州有巨贼陶俊、贾进和，岳飞请求率一百名骑兵消灭这股贼众。他派士兵装扮成商人进入贼人的活动地域，贼人掳掠了这些人以扩充自己的部队。岳飞派遣一百人埋伏在山下，自己率领几十名骑兵逼近贼人营垒，贼人出来交战，岳飞假装败退，贼人赶来追杀，伏兵杀出，先头派遣的士兵活捉了陶俊和贾进和两人回来。

康王来到相州，岳飞随刘浩参见，命令他去招安贼人吉倩，吉倩率三百八十人归降。岳飞补任承信郎。带领铁骑三百前往李固渡试探敌军的强弱，打败了敌军。跟从刘浩解东京之围，与敌军相持于滑州南面。岳飞率一百名骑兵在黄河岸边操练，敌军突然赶来，岳飞指挥他的部下说：『敌兵虽然人多，但不知我们的虚实，应当趁他们立足未稳出击。』于是单枪匹马，飞驰迎敌。有一员敌军猛将挥舞大刀前来接战，岳飞斩杀了他，敌军大败。他升任秉义郎，隶属东京留守宗泽。转战开德、曹州都立有战功，宗泽对他大感惊奇，说：『你的勇敢智谋和才能武艺，古代的良将也不能超过你，然而你喜欢野战，这不是万全之计。』因此传授给他阵图。岳飞说：『布阵之后作战，是兵法的常规要求，然而把它运用的巧妙精熟，还在于自己的内心体会。』宗泽赞同他的话。

康王即位，飞上书数千言，大略谓：『陛下已登大宝，社稷有主，已足伐敌之谋，而勤王之师日集，彼方谓吾素弱，宜乘其怠击之。黄潜善、汪伯彦辈不能承圣意恢复，奉车驾日益南，恐不足系中原之望。臣愿陛下乘敌穴未固，亲率六军北渡，则将士作气，中原可复。』书闻①，以越职夺官归。

河北招讨使张所，所待以国士，借补修武郎，充中军统领。所问曰：『汝能敌几何？』飞曰：『勇不足恃，用兵在先定谋，栾枝曳柴以败荆，莫敖采樵以致绞，皆谋定也。』所矍然曰：『君殆非行伍中人。』飞因说之曰：『国家都汴，恃河北以为固。苟冯据要冲，峙列重镇，一城受围，则诸城或挠或救，金人不能窥河南，而京师根本之地固矣。招抚诚能提兵压境，飞唯命是从。』所大喜，借补武经郎。

命从王彦渡河，至新乡，金兵盛，彦不敢进。飞独引

所部鏖战，夺其纛而舞②，诸军争奋，遂拔新乡。翌日，战侯兆川，身被十余创，士皆死战，又败之。夜屯石门山下，或传金兵复至，一军皆惊，飞坚卧不动，金兵卒不来。食尽，走彦壁乞粮，彦不许。飞引兵益北，战于太行山，擒金将拓跋耶乌。居数日，复遇敌，飞单骑持丈八铁枪，刺杀黑风大王，敌众败走。飞自知与彦有隙，复归宗泽，为留守司统制。泽卒，杜充代之，飞居故职。

注释 ①书闻：奏书上报之后。②夺其纛而舞：挥舞着夺下得金军主帅大旗。

译文 康王即位，岳飞呈上数千字的奏书，大意说：『陛下已登皇位，社稷有了主人，已有足够的讨伐敌人的谋略，而且各地勤王之师日益聚集，敌人认为我国一向懦弱怯战，应该乘敌懈怠之时而攻击他们。黄潜善、汪伯彦这些人不能秉承圣上旨意恢复中原，却奉皇上车驾一天天南移，这样恐怕不足以维系中原百姓的敬望。我希望陛下乘敌人巢穴尚未巩固，亲自率领六军北渡黄河，那么就会使将士们士气大振，中原可望收复。』奏书上报后，朝廷以岳飞越职上书罢免了他的官职，令他回家乡。

岳飞投奔河北招讨使张所，张所用国士的礼节接待他，用补充缺额的名义授予他为修武郎，担任中军统领。张所问道：『你能抵挡多少敌人？』岳飞说：『作战不能只凭恃勇猛，用兵的正确与否在于战前制定谋略，栾枝用拖树枝的计策打败楚国，莫敖用派兵打柴的计策战胜绞国，这都是因为谋略事先就制定了。』张所肃然起敬地说：『你大概不是行伍中的人。』岳飞进一步对他说：『国家在汴梁建都，依靠河北作为安全保障。如果凭据交通要冲之地，加强储备一系列重镇，一座城池被围困，其他各城或是阻击或是救援，金人就无法窥伺河南，而京师根本之地就可以巩固了。您如果能亲提大军逼近敌境，我绝对听从您的命令。』张所大喜，用补充缺额的名义授予他岳飞为武经郎。

命令岳飞跟随王彦渡过黄河，进至新乡，金兵众多，王彦不敢前进。岳飞独自率领本部人马与金军激战，夺下金军主帅的大旗挥舞，各部队奋勇争先，于是攻克新乡。第二天，在侯兆川与金军交战，身负十余处伤，士兵们都拼力死战，又打败了金军。夜里驻屯在石门山下，有人传说金兵又来了，全军都十分惊慌，岳飞坚持躺着一动不动，金兵最后也没来。军中粮食吃尽，岳飞到王彦营中求借粮食，王彦不答应。岳飞率领部队进至更北的地方，战于太行山，生擒金将拓跋耶乌。过了几天，再次与敌遭遇，岳飞单骑手持丈八铁枪，刺死黑风大王，敌军溃败逃走。岳飞自知与王彦有了矛盾，又重归宗泽辖治，担任留守司统制。宗泽去世后，杜充代替宗泽职务，岳飞仍任原职。

会金攻楚急，诏张俊援之。俊辞，乃遣飞行，而命刘光世出兵援飞。飞屯三墩为楚援，寻抵承州，三战三捷，杀高太保，俘酋长七十余人。光世等皆不敢前，飞师孤力寡，楚遂陷。诏飞还守通、泰，有旨可守即守，如不可，但以沙洲保护百姓，伺便掩击。飞以泰无险可恃，退保柴墟，战于南霸桥，金大败。渡百姓于沙上，飞以精骑二百殿，金兵不敢近。飞以泰州失守待罪。

绍兴元年，张俊请飞同讨李成。时成将马进犯洪州，连营西山。飞曰：『贼贪而不虑后，若以骑兵自上流绝生米渡，出其不意，破之必矣。』飞请自为先锋，俊大喜。飞重铠跃马，潜出贼右，突其阵，所部从之。进大败，走筠州。飞抵城东，贼出城，布阵十五里，飞设伏，以红罗为帜，上刺『岳』字，选骑二百随帜而前。贼易其少，薄之，伏发，贼败走。飞使人呼曰：『不从贼者坐，吾不汝杀①。』坐而降者八万余人。进以余卒奔成于南康。飞夜引兵至朱家山，又斩其将赵万。成闻进败，自引兵十余万来。飞与遇于楼子庄，大破成军，追斩进。成走蕲州，降伪齐。

张用寇江西，用亦相人，飞以书谕之曰：『吾与汝同里，南薰门、铁路步之战，皆汝所悉。今吾在此，欲战则出，不战则降。』用得书曰：『果吾父也。』遂降。

江、淮平，俊奏飞功第一，加神武右军副统制，留洪州，弹压盗贼，授亲卫大夫、建州观察使。建寇范汝为陷邵武，江西安抚李回檄飞分兵保建昌军及抚州，飞遣人以『岳』字帜植城门，贼望见，相戒勿犯。贼党姚达、饶青逼建昌，飞遣王万、徐庆讨擒之。升神武副军都统制。

三年秋，入见，帝手书『精忠岳飞』字，制旗以赐之。授镇南军承宣使、江南西路沿江制置使，又改神武后军都统制，仍制置使，李山、吴全、吴锡、李横、牛皋皆隶焉。

注释 ①不从贼者坐，吾不汝杀：不愿做贼的坐下，饶你们不死。

译文 正赶上金军进攻楚州，楚州告急，皇帝诏令张俊前去援救。张俊推辞，于是派岳飞前去，同时命令刘光世出兵增援岳飞。岳飞屯兵于三墩作为楚州的援军，不久进抵承州，三战三捷，杀死高太保，俘获敌军首领七十余人。刘光世等人都不敢靠前，岳飞孤军力弱，楚州于是陷落。诏令岳飞还军守通州、泰州，圣旨说能守住就守，如果守不住，就在沙洲保护百姓，寻机袭敌即可。岳飞因泰州无险可守，退保柴墟，与金兵激战于南霸桥，金兵大败。在沙上护送百姓渡江，岳飞率两百名精锐骑兵殿后，金兵不敢接近。岳飞以泰州失守等候处分。

绍兴元年，张俊请岳飞一同进讨李成。当时李成部将马进进犯洪州，在西山连营扎寨。岳飞说：『贼军贪利却不考虑

后路，假若派骑兵从上游截断生米渡，出敌不意，一定能击败他。』岳飞请求自己担任先锋，张俊大喜。岳飞身穿重甲跳上战马，悄悄地绕到贼军右侧，突入他们的阵地，部下跟随他前进。马进大败，逃往筠州。岳飞进抵城东，贼军出城，布下战阵十五里。岳飞设下埋伏，用红罗作旗，上面绣着『岳』字，挑选两百名骑兵跟随旗帜前进。贼军轻视岳飞兵少，紧逼过来，伏兵突然杀出，贼军大败逃走。岳飞派人大声叫道：『不愿从贼的人坐下，我不杀你们。』坐下投降的人共有八万余人。马进率残兵败将逃奔在南康的李成。岳飞夜里率领部队赶到朱家山，又杀了李成部将赵万。李成得知马进失败，亲自率兵十余万前来，岳飞同他在楼子庄相遇，大破李成部队，追杀了马进。李成逃往蕲州，投降了伪齐。

张用进犯江西，张用也是相州人，岳飞写信告谕他说：『我与你同乡同里，南薰门、铁路步之役，都是你所知道的。现在我在此地，你要交战就出兵，不想打就投降。』张用接到信说：『果然是我的父辈啊。』于是投降。

江、淮平定，张俊奏报岳飞战功第一，皇帝加授岳飞为神武右军副统制，留守洪州，镇压盗贼，又任命他为亲卫大夫、建州观察使。建州强盗范汝为攻陷邵武，江西安抚使李回檄告岳飞分兵保卫建昌军及抚州。岳飞派人把『岳』字旗插在城门上，贼军望见，互相告诫不要去进犯。贼军同党姚达、饶青逼近建昌，岳飞派王万、徐庆讨伐并活捉了他们。岳飞升任神武副军都统制。

绍兴三年秋天，岳飞入朝拜见，皇帝手书『精忠岳飞』四个字，制成旗帜赐给岳飞。任命他为镇南军承宣使、江南西路沿江制置使，又改任神武后军都统制，仍然兼任制置使的职务，李山、吴全、吴锡、李横、牛皋都隶属他管理。

飞数见帝，论恢复之略。又手疏言：『金人所以立刘豫于河南，盖欲茶毒中原，以中国攻中国，粘罕因得休兵观衅。臣欲陛下假臣月日，便则提兵趋京、洛，据河阳、陕府、潼关，以号召五路叛将。叛将既还，遣王师前进，彼必弃汴而走河北，京畿、陕右可以尽复。然后分兵浚、滑，经略两河，如此则刘豫成擒，金人可灭，社稷长久之计，实在此举。』帝答曰：『有臣如此，顾复何忧，进止之机，朕不中制。』又召至寝阁命之曰：『中兴之事，一以委卿①。』命节制光州。

注释 ①中兴之事，一以委卿：兴复国家的大事，就都交给你了。

译文 岳飞屡次觐见皇帝，都谈论到恢复中原失地的方略。又写奏章说：『金人所以在河南立刘豫为帝，是想荼毒中原生灵，用中国人攻打中国人，粘罕因此可以休整部队以坐收渔人之利。我希望陛下给我时间，机会成熟时就带领部队直趋京、洛，占据河阳、陕府、潼关，以此来号召五路的叛将。叛将归降后，再派官军前进，敌人必然放弃汴京而逃向河北、京畿，陕右一带可以全部收复。然后分兵进攻浚州、滑州，经略两河地区，这样一来，一定可以活捉刘豫，金人可以消灭，国家的长久大计，就在于这一行动。』皇帝回答说：『有你这样的大臣，还有什么忧虑的，你发兵进攻的时机，我不在朝中干预。』又把岳飞召到寝阁中命令他说：『中兴大事，全都委托你了。』下令岳飞节制光州。

十年，金人攻拱、亳，刘锜告急，命飞驰援，飞遣张宪、姚政赴之。帝赐札曰：『设施之方，一以委卿，朕不遥度①。』飞乃遣王贵、牛皋、董先、杨再兴、孟邦杰、李宝等，分布经略西京、汝、郑、颍昌、陈、曹、光、蔡诸郡；又命梁兴渡河，纠合忠义社，取河东、北州县。又遣兵东援刘锜，西援郭浩，自以其军长驱以阚中原。将发，密奏言：『先正国本以安人心，然后不常厥居，以示无忘复仇之意。』帝得奏，大褒其忠，授少保，河南府路、陕西、河东北路招讨使，寻改河南、北诸路招讨使。未几，所遣诸将相继奏捷。大军在颍昌，诸将分道出战，飞自以轻骑驻郾城，兵势甚锐。

注释 ①设施之方，一以委卿，朕不遥度：同金兵的作战方略，一并委托给你，我不进行管理。

译文 绍兴十年，金军攻打拱州、亳州，刘锜向朝廷告急，皇帝命令岳飞火速增援，岳飞派遣张宪、姚政率兵前往。皇帝赐给岳飞的亲笔信中说：『同金兵作战的措施及方略，一并委托给你，我不进行遥控』。于是岳飞遣王贵、牛皋、董先、杨再兴、孟邦杰、李宝等人，分别进攻西京、汝州、郑州、颍昌、陈州、曹州、光州、蔡州诸郡；又命令梁兴渡过黄河，联络集合忠义社，攻取河东、河北各州县。又派部队去东面援救刘锜，西面援救郭浩，自己率大军准备长驱直入以雄视中原。将要出发时，岳飞秘密上奏说：『先立太子以安定人心，然后请皇上不要经常居住在一地，以此来表示没有忘记复仇的决心。』皇帝得到这个奏章，大力褒奖他的忠心，任命岳飞为少保，河南府路、陕西、河东北路招讨使，不久改任河南、北诸路招讨使。没过多久，岳飞所派遣的诸将相继传来捷报。大部队驻守颍昌，部下众将分路出兵作战，岳飞自己率领轻装骑兵驻扎郾城，军队的锋芒锐气十足。

兀术大惧，会龙虎大王议，以为诸帅易与，独飞不可当，欲诱致其师，并力一战。中外闻之，大惧，诏飞审处自固。飞曰：『金人伎穷矣。』乃日出挑战，且骂之。兀

术怒，合龙虎大王、盖天大王与韩常之兵逼郾城。飞遣子云领骑兵直贯其阵，戒之曰：『不胜，先斩汝！』鏖战数十合，贼尸布野。

初，兀术有劲军，皆重铠，贯以韦索，三人为联，号『拐子马』，官军不能当。是役也，以万五千骑来，飞戒步卒以麻札刀入阵，勿仰视，第斫马足。拐子马相连，一马仆，二马不能行，官军奋击，遂大败之。兀术大恸曰：『自海上起兵，皆以此胜，今已矣！』兀术益兵来，部将王刚以五十骑觇敌，遇之，奋斩其将。飞时出视战地，望见黄尘蔽天，自以四十骑突战，败之。

方郾城再捷，飞谓云曰：『贼屡败，必还攻颍昌，汝宜速援王贵。』既而兀术果至，贵将游奕、云将背嵬战于城西。云以骑兵八百挺前决战，步军张左右翼继之，杀兀术婿夏金吾、副统军粘罕索孛堇，兀术遁去。

梁兴会太行忠义及两河豪杰等，累战皆捷，中原大震。飞奏：『兴等过河，人心愿归朝廷。金兵累败，兀术等皆令老少北去，正中兴之机。』飞进军朱仙镇，距汴京四十五里，与兀术对垒而阵，遣骁将以背嵬骑五百奋击，大破之，兀术遁还汴京。飞檄陵台令行视诸陵，葺治之。

先是，绍兴五年，飞遣梁兴等布德意，招结两河豪杰，山砦韦铨、孙谋等敛兵固堡，以待王师，李通、胡清、李宝、李兴、张恩、孙琪等举众来归。金人动息，山川险要，一时皆得其实。尽磁、相、开德、泽、潞、晋、绛、汾、隰之境，皆期日兴兵，与官军会。其所揭旗以『岳』为号，父老百姓争挽车牵牛，载糗粮以馈义军，顶盆焚香迎候者，充满道路。自燕以南，金号令不行，兀术欲签军以抗飞，河北无一人从者。乃叹曰：『自我起北方以来，未有如今日之挫衄。』金帅乌陵思谋素号桀黠，亦不能制其下，但谕之曰：『毋轻动，俟岳家军来即降。』金统制王镇、统领崔庆、将官李觊崔虎华旺等皆率所部降，以至禁卫龙虎大王下忔查千户高勇之属，皆密受飞旗榜，自北方来降。金将军韩常欲以五万众内附。飞大喜，语其下曰：『直抵黄龙府，与诸君痛饮尔！』

方指日渡河，而桧欲画淮以北弃之，风台臣请班师。飞奏：『金人锐气沮丧，尽弃辎重，疾走渡河，豪杰向风，士卒用命，时不再来，机难轻失。』桧知飞志锐不可回，乃先请张俊、杨沂中等归，而后言飞孤军不可久留，乞令班师。一日奉十二金字牌，飞愤惋泣下，东向再拜曰：『十年之力，废于一旦。』飞班师，民遮马恸哭，诉曰：『我等戴香盆、运粮草以迎官军，金人悉知之。相公去，我辈无噍类矣。』飞亦悲泣，取诏示之曰：『吾不得擅留。』哭声震野，飞留五日以待其徙，从而南者如市，亟奏以汉上六郡闲田处之。

方兀术弃汴去，有书生叩马曰：『太子毋走，岳少保且退矣①。』兀术曰：『岳少保以五百骑破吾十万，京城日夜望其来，何谓可守？』生曰：『自古未有权臣在内，而大将能立功于外者②，岳少保且不免，况欲成功乎？』兀术悟，遂留。飞既归，所得州县，旋复失之。飞力请解兵柄，不许，自庐入觐，帝问之，飞拜谢而已。

注释 ①太子毋走，岳少保且退矣：太子不要走，岳少保将要退兵了。②自古未有权臣在内，而大将能立功于外者：自古以来没有权臣在朝内，而大将能在外面为国立功的事情。

译文 兀术大为恐惧，会见龙虎大王商议，认为宋军其他各位统帅容易对付，只有岳飞锐不可当，打算引诱岳飞的部队前来，集中兵力决一死战。朝廷内外听说此事，十分恐惧，皇帝诏令岳飞慎重行事保全自己。岳飞说：『金人的伎俩已经穷尽了。』于是天天出兵挑战，并且大骂金军。兀术十分恼怒，联合龙虎大王、盖天大王与韩常的部队直逼郾城。岳飞派遣儿子岳云率领骑兵直冲入敌阵，告诫他说：『打不赢，我先杀你的头！』激战数十个回合，杀得贼尸遍野。

当初，兀术训练了一支精锐部队，都穿着重甲，用牛皮绳贯串起来，三人为一组，号称『拐子马』，宋军无法抵挡。这次战役，兀术调动了一万五千名拐子马骑兵前来。岳飞下令步兵手持麻札刀冲入敌阵，不要抬头仰视，只管砍马蹄。拐子马都是连在一起的，只要一匹马倒地，其他两匹马就无法前进，宋军奋力攻击，于是大败金军。兀术大哭道：『自从海上起兵以来，全都是靠它取胜，今天算完了！』兀术增加兵力又来，岳飞部将王刚率五十名骑兵侦察敌情时与敌军相遇，王刚奋力斩杀了敌军将领。岳飞当时正出来视察作战地形，望见黄尘铺天遮地，亲率四十名骑兵突入敌群战斗，打败了这股援军。

正当郾城再次取胜的时候，岳飞对岳云说：『金兵屡战屡败，必然要回军进攻颍昌，你应该迅速去支援王贵。』不久兀术果然赶来，王贵率领游奕军，岳云率领背嵬军与金军大战于城西。岳云指挥八百名骑兵冲到阵前与金兵决战，步兵在左右两翼展开队形跟在骑兵后面前进，杀死兀术的女婿夏金吾、副统军粘罕索孛堇，兀术逃去。

梁兴会合太行山的忠义民兵及两河地区的豪杰之士等，屡次与金军交战都取得大捷，极大地震动了中原地区。岳飞上奏说：『梁兴等人北渡黄河，人心都愿意回归朝廷。金兵屡败，兀术等人都下令军中老少返回北方，眼下正是中兴大宋的好机会。』岳飞进军朱仙镇，距离汴京只有四十五里，与兀术对峙结阵，岳飞派骁将率背嵬骑兵五百人奋勇冲击，大破兀术军，兀术逃回汴京。岳飞通知陵台令巡行察看先帝诸陵，进行修葺

整治。

在此之前，绍兴五年，岳飞派遣梁兴等人广布朝廷恩德，招抚结纳两河地区的豪杰，山寨寨主韦铨、孙谋等人收拢兵力固守堡垒，等待官军前来，李通、胡清、李宝、李兴、张恩、孙琪等人率部众归附。金人的动态，山川的险要，一时都掌握了确实的情报。所有磁、相、开德、泽、潞、晋、绛、汾、隰等地区，都约定日期一同起兵，与官军相会合。他们所打的旗帜以『岳』字为号，父老百姓们争相拉着车牵着牛，载运着干粮送给义军，头上顶着烧香盆子来迎候的人，充满了道路。从燕京以南，金国的号令不能实行，兀术打算强行征兵来抵挡岳飞，河北之地没有一个人听从他。兀术叹息说：『自我朝兴起于北方以来，还没有像今天这样的挫败。』金军大帅乌陵思谋一向号称凶狠狡诈，这时也无法控制他的部下，只能劝告说：『不要轻举妄动，等岳家军来了就出降。』金军统制王镇、统领崔庆、将官李凯、崔虎、华旺等人都率他们的部下投降，以至于禁卫龙虎大王的属下忔查千户高勇一批人，都秘密地接受了岳飞的旗帜和文告，从北方前来归降。金国将军韩常打算率五万部众前来内地归附。岳飞大喜，对部下们说：『一直进抵黄龙府，我和诸位开怀畅饮！』

正当渡河指日可待之时，秦桧却打算将淮河以北地区放弃，示意谏官奏请皇帝下令各部队班师。岳飞上奏说：『金军的锐气已经沮丧，全部抛弃了辎重，急忙逃向黄河北渡，豪杰之士闻风响应，我军士兵正待为国效命，这样的时机不会再来，机会万难轻易失去。』秦桧知道岳飞的志向坚定，不可使他改变，就先请求皇帝下令张俊、杨沂中等人撤回军队，然后说岳飞孤军深入不能久留，请求皇帝诏令岳飞班师。一天之内连续接到十二道金字牌，岳飞愤慨惋惜地流下眼泪，朝着东方多次下拜说：『十年的努力，废弃于一旦。』岳飞下令班师，百姓们拦住他的马放声大哭，诉说道：『我们头顶香盆，运送粮草来迎接官军，金人都知道。您这一走，我们就没有一个人能活着了。』岳飞也悲哀地流下眼泪，取出皇帝的诏令给大家看并说：『我不能擅自留下。』哭声震动了田野，岳飞留了五天以等待百姓们内迁，跟随他一起南迁的百姓如同赶集的人一样众多，岳飞立即奏请皇帝拨汉水上游六郡的空闲农田安置这些百姓。

正当兀术弃守汴京北撤时，有一个书生扣住他的马缰绳说：『太子不要走，岳少保即将退兵了。』兀术说：『岳少保用五百名骑兵打败我的十万人马，京城上下日夜盼望他到来，怎么说可以守得住呢？』书生说：『自古以来没有权臣在内，而大将能在外立功的事，岳少保尚且不免，还想立功吗？』兀术醒悟，于是留驻汴京。岳飞率军撤回后，原来收复的各州县，马上又重新丧失了。岳飞极力请求解除自己的兵权，皇帝不同意，岳飞从庐山入朝晋见皇帝，皇帝慰问他，岳飞只是拜谢而已。

十一年，谍报金分道渡淮，飞请合诸帅之兵破敌。兀术、韩常与龙虎大王疾驱至庐，帝趣飞应援，凡十七札。飞策金人举国南来，巢穴必虚，若长驱京、洛以捣之，彼必奔命，可坐而敝。时飞方苦寒嗽，力疾而行。又恐帝急于退敌，乃奏：『臣如捣虚，势必得利，若以为敌方在近，未暇远图，欲乞亲至蕲、黄，以议攻却。』帝得奏大喜，赐札曰：『卿苦寒疾，乃为朕行，国尔忘身，谁如卿者？』师至庐州，金兵望风而遁。飞还兵于舒以俟命，帝又赐札，以飞小心恭谨、不专进退为得体。兀术破濠州，张俊驻军黄连镇，不敢进；杨沂中遇伏而败，帝命飞救之。金人闻飞至，又遁。

时和议既决，桧患飞异己，乃密奏召三大将论功行赏。韩世忠、张俊已至，飞独后，桧又用参政王次翁计，俟之六七日。既至，授枢密副使，位参知政事上，飞固请还兵柄。五月，诏同俊往楚州措置边防，总韩世忠军还驻镇江。

初，飞在诸将中年最少，以列校拔起，累立显功，世忠、俊不能平，飞屈己下之，幕中轻锐教飞勿苦降意。金人攻淮西，俊分地也，俊始不敢行，师卒无功。飞闻命即行，遂解庐州围，帝授飞两镇节，俊益耻。杨么平，飞献俊、世忠楼船各一，兵械毕备，世忠大悦，俊反忌之。淮西之役，俊以前途粮乏訹飞，飞不为止，帝赐札褒谕，有曰：『转饷艰阻，卿不复顾。』俊疑飞漏言，还朝，反倡言飞逗遛不进，以乏饷为辞。至视世忠军，俊知世忠忤桧，欲与飞分其背嵬军，飞议不肯，俊大不悦。及同行楚州城，俊欲修城为备，飞曰：『当戮力以图恢复，岂可为退保计？』俊变色。

会世忠军吏景著与总领胡纺言：『二枢密若分世忠军，恐至生事。』纺上之朝，桧捕著下大理寺，将以扇摇诬世忠。飞驰书告以桧意，世忠见帝自明。俊于是大憾飞，遂倡言飞议弃山阳，且密以飞报世忠事告桧，桧大怒。

初，桧逐赵鼎，飞每对客叹息，又以恢复为己任，不肯附和议。读桧奏，至『德无常师，主善为师』之语，恶其欺罔，恚曰：『君臣大伦，根于天性，大臣而忍面谩其主耶！』兀术遗桧书曰：『汝朝夕以和请，而岳飞方为河北图，必杀飞，始可和。』桧亦以飞不死，终梗和议，己必及祸，故力谋杀之。以谏议大夫万俟卨与飞有怨，风卨劾飞，又风中丞何铸、侍御史罗汝楫交章弹论，大率谓：『今春金人攻淮西，飞略至舒、蕲而不进，比与俊按兵淮

上，又欲弃山阳而不守。』飞累章请罢枢柄，寻还两镇节，充万寿观使、奉朝请。桧志未伸也，又谕张俊令劫王贵、诱王俊诬告张宪谋还飞兵。

桧遣使捕飞父子证张宪事，使者至，飞笑曰：『皇天后土，可表此心。』初命何铸鞫之，飞裂裳以背示铸，有『尽忠报国』四大字，深入肤理。既而阅实无左验，铸明其无辜。改命万俟卨。卨诬：飞与宪书，令虚申探报以动朝廷，云与宪书，令措置使飞还军；且言其书已焚。

飞坐系两月，无可证者①。或教卨以台章所指淮西事为言，卨喜白桧，簿录飞家，取当时御札藏之以灭迹。又逼孙革等证飞受诏逗遛，命评事元龟年取行军时日杂定之，傅会其狱。岁暮，狱不成②，桧手书小纸付狱，即报飞死，时年三十九。云弃市。籍家赀，徙家岭南。幕属于鹏等从坐者六人。

注释 ①飞坐系两月，无可证者：岳飞被禁两月，没有证据证明他有罪。②狱不成：此案不成立。

译文 绍兴十一年，探子来报金兵分路渡过淮河，岳飞请求集中各位元帅的部队破敌。兀术、韩常与龙虎大王迅速赶到了庐州，皇帝催促岳飞策应增援，总共写了十七封信。岳飞策算金人倾全国兵力南下进犯，其巢穴必然空虚，如果长驱直入到汴京、洛阳以捣毁敌人巢穴，金军一定是疲于奔命地赶回援救，可以坐待敌军疲惫。当时岳飞正苦于患风寒咳嗽，竭力支撑抱病而行。又担心皇帝急于打退敌人，于是上奏说：『我如果领兵直捣敌军的空虚地区，势必能取得胜利，假如因为敌人正在近处而没有时间去考虑长远的计划，那就请求陛下亲自到蕲州、黄州，以商议攻守事宜。』皇帝接到此奏大喜，赐给岳飞书信说：『你正苦于风寒之疾，却仍然为我领兵前行，为了国家而忘记了自身，谁能比得上你呢？』岳飞率军进至庐州，金兵望风而逃。岳飞把部队撤回舒州等待命令，皇帝又赐给岳飞书信，认为岳飞小心恭谨、不擅自进退是得体的。兀术攻破濠州，张俊所部驻扎在黄连镇，不敢前进；杨沂中所部中了埋伏而战败，皇帝命令岳飞救援他。金人听说岳飞到了，又逃走了。

当时和议之事已经决定，秦桧担心岳飞反对自己，于是秘密上奏皇帝召还三位大将论功行赏。韩世忠、张俊已经赶到，岳飞一个人后到，秦桧又采用参政王次翁的计策，等待岳飞等了六七天。岳飞来到之后，被任命为枢密副使，位在参知政事之上，岳飞坚决请求交还兵权。五月，皇帝诏令岳飞同张俊前往楚州布置边防，会合韩世忠部队还军驻守镇江。

当初，岳飞在各位大将中年龄最小，从小校提拔起来，屡屡立下赫赫战功，韩世忠、张俊不服气。岳飞委屈自己，凡事均居于他们之下，幕僚中年轻气盛的人劝告岳飞不要过于谦卑退让。金兵进攻淮西，这是张俊分守的防地，张俊始终不敢有所行动，部队终于没有立功。岳飞接到命令立即行动，于是解了庐州之围，皇帝任命岳飞为两镇节度使，张俊越发感到耻辱。杨么被平定后，岳飞赠送给张俊、韩世忠每人一艘楼船，船上各种武器毕备，韩世忠非常高兴，张俊反倒忌恨岳飞。淮西之役，张俊以前方缺粮吓唬岳飞，岳飞并没有因此停止前进，皇帝赐书褒奖，其中有：『转运粮饷遇到艰难险阻，你却义无返顾』这样的话，张俊怀疑岳飞对皇上泄漏了自己的话，回到朝廷，反而说岳飞逗留不进，却以缺乏粮饷为借口。去视察韩世忠的部队时，张俊知道韩世忠触犯了秦桧，便打算与岳飞一起瓜分韩世忠的背嵬军，岳飞顾全大义不肯这样做，张俊大为不高兴。等到和岳飞同行至楚州城，张俊想修缮城墙来作御敌准备，岳飞说：『应当努力地谋取收复失地，岂可作退保自守的打算？』张俊变了脸色。

正好韩世忠的军吏景著对总领胡纺说：『两位枢密使如果瓜分了韩世忠的部队，恐怕要发生事变。』胡纺把他的话上报了朝廷，秦桧逮捕景著投入大理寺，准备以此事煽动谣言诬陷韩世忠。岳飞急忙写信给韩世忠告以秦桧用心所在，韩世忠面见皇帝自己讲明了事情的缘由。张俊从此对岳飞大为不满，于是首次造谣岳飞倡议放弃山阳，并且秘密地把岳飞报信给韩世忠这件事告诉了秦桧，秦桧大怒。当初，秦桧排挤走了赵鼎，岳飞常常为此对宾客叹息，又把收复中原失地当作自己的责任，不肯附和议和的主张。阅读秦桧的奏章，读到『德行没有常师，主张为善就可以为师』的话时，厌恶他欺君罔上，忿忿地说：『君臣这个大伦常，根源在于天性，身为大臣能忍心当面欺骗他的皇帝吗？』兀术给秦桧的信中说：『你早晚都在请求议和，然而岳飞却正在图谋进取河北，必须杀掉岳飞，才可以议和。』秦桧也认为岳飞不死，终究会阻碍议和，自己也必然受祸，所以极力谋划杀死岳飞。秦桧因为谏议大夫万俟卨与岳飞有怨仇，就指使万俟卨弹劾岳飞，又示意中丞何铸、侍御史罗汝楫接连上奏章弹劾岳飞，大概意思是说：『今年春天，金人进攻淮西，岳飞进军至舒州、蕲州就不再前进，近来他与张俊驻守于淮河岸边，又打算放弃山阳而不去防守。』岳飞几次上奏章请求罢免自己的枢密副使的职务，不久交还两镇节度使的符节，充任万寿观使、奉朝请。秦桧的意图还未全部得逞，又指示张俊威逼王贵、诱使王俊诬告张宪策划把兵权还给岳飞。

秦桧派使者逮捕岳飞父子来证实张宪的事情，使者到时，岳飞笑着说：『皇天后土，可以证明我这颗心。』起初命令何铸审讯岳飞，岳飞撕开衣裳把后背给何铸看，上面有『尽忠报国』四个大字，深深地刺入皮肤的纹理之中。没多久查明实在没有佐证，何铸判岳飞无罪。秦桧改命万俟卨审理。万俟卨诬陷说：岳飞写信给张宪，命令张宪谎报军情以震动朝廷视听，

而且岳云写信给张宪，要张宪采取措施使岳飞回到军中；并且说这些信已经焚毁。

岳飞被囚禁两个月，没有可以证明他有罪的证据。有人教万俟卨以御史台奏章所指责的淮西一事为证言，万俟卨高兴地告诉秦桧，查抄登记岳飞的家产，拿走了当时皇帝给岳飞的亲笔信藏起来消除不利于审讯的字迹。又逼迫孙革等人证明岳飞接受诏令后仍然逗留不前，命令评事元龟年将岳飞在淮西的行军日程混杂排定，以附会岳飞之案。年底，此案仍无法成立，秦桧亲手写了一张小纸条交给狱官，立即报告岳飞已经死了，这年他三十九岁。岳云在闹市被斩首示众。登记并没收岳飞的家产，迫令他全家迁往岭南。岳飞的幕僚于鹏等六人也被牵连定罪。

狱之将上也，韩世忠不平，诣桧诘其实，桧曰：『飞子云与张宪书虽不明，其事体莫须有。』世忠曰：『「莫须有」三字，何以服天下？』时洪皓在金国中，蜡书驰奏，以为金人所畏服者惟飞，至以父呼之，诸酋闻其死，酌酒相贺。

桧死，议复飞官。万俟卨谓金方愿和，一旦录故将，疑天下心，不可。及绍兴末，金益猖獗，太学生程宏图上书讼飞冤，诏飞家自便。初，桧恶岳州同飞姓，改为纯州，至是仍旧。中丞汪澈宣抚荆、襄，故部曲合辞讼之，哭声雷震。孝宗诏复飞官，以礼改葬，赐钱百万，求其后悉官之。建庙于鄂，号忠烈。淳熙六年，谥武穆。嘉定四年，追封鄂王。

译文 岳飞一案将要上报了，韩世忠愤愤不平，他来到秦桧处质问有无真实凭据，秦桧说：『岳飞的儿子岳云写信给张宪这件事虽然还不太明确，但这件事或许有。』世忠说：『「或许有」三个字，怎么能使天下人信服？』当时洪皓正在金国，派人把一封蜡丸信飞驰奏报皇帝，信中说金人所畏服者只有岳飞，以致称呼他为父亲，金国的各大首领听说岳飞死讯，饮酒互相庆贺。

秦桧死后，朝廷讨论恢复岳飞原来的官职。万俟卨说金国刚愿意讲和，一旦任用以前的将领，会使天下人疑惑不解，不可以这样做。到了绍兴末年，金国日益猖獗，太学生程宏图上书朝廷为岳飞申冤，皇帝下诏允许岳飞家属自行选择居住地。起初，秦桧讨厌岳州与岳飞的姓氏相同，把岳州改名为纯州，到这时改回岳州。中丞汪澈宣抚荆、襄地区，岳飞过去的老部下联合上书向汪澈申诉岳飞的冤屈，哭声如同雷震一般。孝宗下诏恢复岳飞官职，用礼仪改葬，赐给岳飞家属钱一百万贯，寻求岳飞的后代全部授予官职。在鄂州建庙，号称忠烈庙。淳熙六年，朝廷为岳飞定谥号为武穆。嘉定四年，追封岳飞为鄂王。

辽史

二十四史精华

元·脱脱等著

天祚皇帝本纪

天祚皇帝，讳延禧，字延宁，小字阿果。道宗之孙，父顺宗大孝顺圣皇帝，母贞顺皇后萧氏。大康元年生。六岁封梁王，加守太尉，兼中书令。后三年，进封燕国王。大安七年，总北南院枢密使事，加尚书令，为天下兵马大元帅。

寿隆七年正月甲戌，道宗崩，奉遗诏即皇帝位于柩前。群臣上尊号曰天祚皇帝。

译文 天祚皇帝，名延禧，字延宁，小字阿果。他是道宗的孙子，父亲是顺宗大孝顺圣皇帝，母亲是贞顺皇后萧氏。大康元年生。六岁时封为梁王，加官守太尉，兼任中书令。三年后，进封为燕国王。大安七年，总管北南院枢密使事务，加官尚书令，任天下兵马大元帅。

寿隆七年正月甲戌日，道宗去世，延禧遵奉遗诏在灵柩前即皇帝位。各大臣奉上的尊号称天祚皇帝。

二年春正月己未朔，如鸭子河。丁丑，五国部长来贡。

二月丁酉，如春州，幸混同江钩鱼，界外生女直[①]酋长在千里内者，以故事皆来朝。适遇『头鱼宴』，酒半酣，上临轩，命诸酋次第起舞；独阿骨打辞以不能。谕之再三，终不从[②]。他日，上密谓枢密使萧奉先曰：『前日之燕，阿骨打意气雄豪，顾视不常，可托以边事诛之。否则，必贻后患。』奉先曰：『麤人不知礼义，无大过而杀之，恐伤向化之心。假有异志，又何能为？』其弟吴乞买、粘罕、胡舍等尝从猎，能呼鹿、刺虎、搏熊。上喜，辄加官爵。

九月己未，射获熊，燕群臣，上亲御琵琶。初，阿骨打混同江宴归，疑上知其异志，遂称兵，先并旁近部族。女直赵三、阿鹘产拒之，阿骨打虏其家属。二人走诉咸州，详稳司送北枢密院。枢密使萧奉先作常事以闻上，仍送咸州诘责，欲使自新。后数召，阿骨打竟称疾不至。

四年春正月，如春州。初，女直起兵，以纥石烈部人阿疏不从，遣其部撒改讨之。阿疏弟狄故保来告，诏谕使勿讨，不听，阿疏来奔。至是女直遣使来索，不发。

秋七月，女直复遣使取阿疏，不发，乃遣侍御阿息保问境上多建城堡之故。女直以慢语答曰：『若还阿疏，朝贡如故；不然，城未能已。』遂发浑河北诸军，益东北路统军司。阿骨打乃与弟粘罕、胡舍等谋，以银术割、移烈、娄室、阇母等为帅，集女直诸部兵，擒辽障鹰官。及攻宁江州，东北路统军可以闻。时上在庆州射鹿，闻之略不介意，遣海州刺史高仙寿统渤海军应援。萧挞不也遇女直，战于宁江东，败绩。

五年春正月，下诏亲征，遣僧家奴持书约和，斥阿骨打名。阿骨打遣赛刺复书，若归叛人阿疏，迁黄龙府于别地，然后议之。都统耶律斡里朵等与女直兵战于达鲁古城，败绩。九月丁卯朔，女直军陷黄龙府。

七年，女直阿骨打用铁州杨朴策，即皇帝位，建元天辅，国号金。杨朴又言，自古英雄开国或受禅，必先求大国封册，遂遣使议和，以求封册。

遼天祚帝像

注释 ①女直：即『女真』。因避辽兴宗宗真名讳，史书中常把『女真』写作『女直』。②不从：不接受。

譯文 二年春正月己未初一，去鸭子河。丁丑日，五国部酋长来进贡。

二月丁酉日，去春州，在混同江钓鱼；边界外生女真族各酋长凡在千里以内的，按惯例都来朝见皇帝。正赶上『头鱼宴』，饮酒半醉时，皇帝来到大厅里，让各酋长依次表演舞蹈。唯有阿骨打推辞说不会，皇帝再三命令他跳舞，但他始终未听从。过后，皇帝私下向枢密使萧奉先说：『在前些天的宴会上，阿骨打态度雄傲豪亢，眼神不同凡常，应借边事将他杀掉。如不然则必留后患。』奉先说：『他是粗人，不懂得礼节和情谊，没有多大过错而杀了他，恐怕会挫伤人们归顺的心情。即使他有二心，又能有什么作为？』他弟弟吴乞买、粘罕、胡舍等人曾随从皇帝打猎，会唤鹿、打虎、捉熊。皇帝一高兴，便为他们加官进爵。

九月己未日，打猎，射获熊，设宴招待群臣，亲自弹奏琵琶。原来，阿骨打自从在混同江参加宴会回来，怀疑皇上知道了他的反叛企图，于是调集军队，先吞并了邻近部族。女真人赵三、阿鹘产抗拒，阿骨打虏去他们的家属。两人跑到咸州告状，详稳司将他们送到北枢密院。枢密使萧奉先作为一般事项禀告皇帝后，仍交咸州去责问解决，想让阿骨打改过自新。后

来几次召见阿骨打，他竟推说有病不来。

四年春正月，皇帝去春州。开始，女真起兵时，因纥石烈部的阿疏不同意，女真派所属撒改的军队攻打他。阿疏的弟弟狄故保来报告，皇帝命令女真不要打，但女真人不听，阿疏前来投奔。现在女真派使者来索要回阿疏，未予交还。

秋七月，女真又派使者来索阿疏，仍没交出，并派侍御阿息保责问女真在边境上大量修建城堡的原因。女真以傲慢的的口气回答说：『如果交还阿疏，仍和从前一样朝见进贡。若不然，将不断的修城』。随后辽国调集浑河以北各部军队，加强东北路统军司。阿骨打与他弟弟粘罕、胡舍等人一起谋划，由银术割、移烈、娄室、阇母等人为统帅，调集女真各部军队，先捉去辽国的障鹰官。接着攻打宁江州，东北路统军司来禀报。当时皇上正在庆州打鹿，听到报告没太介意，只派海州刺史高仙寿率领渤海军去支援。萧挞不也与女真军相遇，在宁江以东开战，辽军战败。

天庆五年春季正月，发布亲征诏令，派遣僧奴携带书信去女真提出条件讲和，并指名斥责阿骨打。阿骨打派赛剌送来复信，提出如果归还反叛人员阿疏，把黄龙府迁往其他地方，而后才可商谈议和。都统耶律斡里朵等与女真军队在达鲁古城交战，辽军战败。九月丁卯初一，女真军队攻陷了黄龙府。

七年，女真阿骨打采纳铁州杨朴的谋划，即位为皇帝，年号为天辅，国号金。杨朴又进言说，自古以来英雄开基立国或是受禅即位，都必须先求大国封册承认，于是派使者来议和，以争取册封。

十年春二月，幸鸳鸯泺。金复遣乌林答赞谟持书及册文副本以来，仍责乞兵于高丽。

三月己酉，民有群马者，十取其一，给东路军。庚申，以金人所定『大圣』二字，与先世称号同，复遣习泥烈往议。金主怒，遂绝之①。

保大元年春正月丁酉朔，改元，肆赦。

二年春正月乙亥，金克中京，进下泽州。上出居庸关，至鸳鸯泺。闻余睹引金人娄室孛堇奄至，萧奉先曰：『余睹乃王子班之苗裔，此来欲立甥晋王耳。若为社稷计，不惜一子，明其罪诛之，可不战而余睹自回矣。』上遂赐晋王死，素服三日，耶律撒八等皆伏诛。王素有人望，诸军闻其死，无不流涕，由是人心解体。余睹引金人逼行宫，上率卫兵五千余骑幸云中，遗传国玺于桑乾河。

三月辛酉，上闻金师将出岭西，遂趋白水泺。乙丑，群牧使谟鲁斡降金。丙寅，上至女古底仓。闻金兵将近，计不知所出，乘轻骑入夹山，方悟奉先之不忠。怒曰：『汝父子误我至此，今欲诛汝，何益于事！恐军心忿怨，尔曹避敌苟安，祸必及我，其勿从行。』奉先下马，哭拜而去。行未数里，左右执其父子，缚送金兵。金人斩其长子昂，以奉先及其次子昱械送金主。道遇辽军，执以归国，遂并赐死。逐枢密使萧得里底，召挞不也典禁卫。丁卯，以北院枢密副使萧僧孝奴知北院枢密使事，同知北院枢密使事萧查剌为左夷离毕。戊辰，同知殿前点检事耶律高八率卫士降金。己巳，侦人萧和尚、牌印郎君耶律哂斯为金师所获。癸酉，以诸局百工多亡，凡扈从不限吏民，皆官之。初，诏留宰相张琳、李处温与秦晋国王淳守燕。处温闻上入夹山，数日命令不通，即与弟处能、子奭，外假怨军，内结都统萧干，谋立淳。遂与诸大臣耶律大石、左企弓、虞仲文、曹勇义、康公弼集蕃汉百官、诸军及父老数万人诣淳府。处温邀张琳至，白其事。琳曰：『摄政则可。』处温曰：『天意人心已定，请立班耳。』处温等请淳受礼，淳方出，李奭持赭袍被之，令百官拜舞山呼。淳惊骇，再三辞，不获已而从之。以处温守太尉，左企弓守司徒，曹勇义知枢密院事，虞仲文参知政事，张琳守太师，李处能直枢密院，李奭为少府少监、提举翰林医官，李爽、陈秘十余人曾与大计，并赐进士及第，授官有差。萧干为北枢密使，驸马都尉萧旦知枢密院事。改怨军为常胜军。于是肆赦，自称天锡皇帝，改元建福，降封天祚为湘阴王。遂据有燕、云、平及上京、辽西六路。天祚所有，沙漠已北，西南、西北路两都招讨府、诸蕃部族而已。

夏四月辛卯，西南面招讨使耶律佛顶降金，云内、宁边、东胜等州皆降。阿疏为金兵所擒。金已取西京，沙漠以南部族皆降。上遂遁于讹莎烈。时北部谟葛失赆马、驼、食羊。

五月甲戌，都统马哥收集散亡，会于沤里谨②。丙子，以马哥知北院枢密使事，兼都统。

六月，淳寝疾，闻上传檄天德、云内、朔、武、应、蔚等州，合诸蕃精兵五万骑，约以八月入燕；并遣人问劳，索衣裘、茗药。淳甚惊，命南、北面大臣议。而李处温、萧干等有迎秦拒湘之说，集蕃汉百官议之。从其议者，东立；惟南面行营都部署耶律宁西立。处温等问故，宁曰：『天祚果能以诸蕃兵大举夺燕，则是天数未尽，岂能拒之？否则，秦、湘，父子也，拒则皆拒。自古安有迎子而拒其父者？』处温等相顾微笑，以宁扇乱军心，欲杀之。淳欹枕长叹曰：『彼忠臣也，焉可杀？天祚果来，吾有死耳，复何面目相见耶！』已而淳死，众乃议立其妻萧氏为皇太后，主军国事③。奉遗命，迎立天祚次子秦王定为帝。太后遂称制，改元德兴。处温父子惧祸，南通童贯，

欲挟萧太后纳土于宋，北通于金，欲为内应，外以援立大功自陈。萧太后骂曰：『误秦晋国王者，皆汝父子！』悉数其过数十，赐死，脔其子爽而磔之；籍其家，得钱七万缗，金玉宝器称是，为宰相数月之间所取也。谟葛失以兵来援，为金人败于洪灰水，擒其子陀古及其属阿敌音。夏国援兵至，亦为金所败。

秋七月丁巳朔，敌烈部皮室叛，乌古部节度使耶律棠古讨平之，加太子太保。乙丑，上京毛八十率二千户降金。辛未，夏国遣曹价来问起居。

八月戊戌，亲遇金军，战于石辇驿，败绩，都统萧特末及其撒古被执。辛丑，会军于欢挞新查剌，金兵追之急，弃辎重以遁④。

九月，敌烈部叛，都统马哥克之。

冬十月，金兵攻蔚州，降。

十一月乙丑，闻金兵至奉圣州，遂率卫兵屯于落昆髓。秦晋王淳妻萧德妃五表于金，求立秦王，不许，以劲兵守居庸。及金兵临关，厓石自崩，戍卒多压死，不战而溃。德妃出古北口，趋天德军⑤。

十二月，知金主抚定南京，上遂由扫里关出居四部族详稳之家。

注释 ①金主怒，遂绝之：金主，金国君主；绝，拒绝。②会于沤里谨：都统马哥收罗溃败之军于沤里谨集合。③主军国事：指太后代替皇帝行使国家权力。④弃辎重以遁：扔掉武器辎重以逃走。⑤趋天德军：德妃古北口逃出，投奔了天德军。

译文 十年春二月，皇帝到鸳鸯泺。金又派乌林答赞谟携带信件和册文副本来，还怪罪辽曾向高丽请求援兵。

三月己酉日，凡民众有马群的，每十匹征收一匹，分配给东路军。庚申日，册文中采用金人所提出的『大圣』二字，这与对祖先的称呼相同，又派习泥烈去商谈。金国君主发怒，拒绝谈判。

保大元年春正月丁酉初一，更改年号为元，大赦天下。

二年春正月乙亥日，金兵攻占中京，接着攻下泽州。皇帝出居庸关，到鸳鸯泺。听说余睹带领金国人娄室勃堇突然来到，萧奉先说：『余睹是王子班中的后裔，这次来不过是为了立他外甥晋王为帝。如果为祖宗大业着想，要不惜一个儿子，指明他的罪行处死，可以不必打仗，余睹自己就会回去。』于是皇帝赐晋王死，晋王在众人中一向很有声望，各地军队听说他被处死，无不泪流满面，哭泣悲伤，由此人心涣散。余睹带领金兵逼近行宫，皇帝率领卫队五千多名骑兵到云中，在桑干河遗失了传国玉玺。

三月辛酉日，皇帝得知金军将从岭西出发，于是移向白水泺。乙丑日，群牧使谟鲁斡投降金国。丙寅日，皇帝到女古底仓。听说金兵将要很快到来，不知如何是好，便轻装骑马进入夹山，这时才明白萧奉先的不忠。气恼地说：『你们父子误我到这般地步，现在真想杀了你们，可是有什么用！怕的是将士们心感愤懑怨恨，你们避敌苟且偷生，但大祸必然临到我头上。你们不要再跟我走了。』奉先下马，哭着叩拜而去。没走几里路，左右人逮捕了萧奉先父子俩，捆绑着送交给金兵。金人杀了他的长子萧昂，将萧奉先和他的次子萧昱带上刑具，送往金国君主处。途中遇到辽军，将他们抢到并送回国，随即都被赐死。皇上赶走了枢密使萧得里底。召来挞不也任典禁卫。丁卯日，由北院枢密副使萧僧孝奴掌管北院枢密使事务，同知北院枢密使事萧查剌任左夷离毕。戊辰日，同知殿前点检事耶律高八率领卫士投降金国。己巳日，探子萧和尚、牌印郎君耶律哂斯被金国军队俘获。癸酉日，由于各局百工很多人逃亡，因而凡是当时跟随护从皇上的人，不论是吏是民，都封为官。

原来，皇帝曾命令宰相张琳、李处温和秦晋国王耶律淳防守燕地。李处温听说皇帝进入了夹山，一连几天接不到命令，便和他弟弟处能、儿子奭一起，外部借怨军的力量，内部联合都统萧干，谋划拥立耶律淳为皇帝。于是他和各大臣耶律大石、左企弓、虞仲文、曹义勇、康公弼等召集蕃族、汉族百官、各部军队将士及父老几万人来到耶律淳的府邸。李处温找来张琳，说明了事情的原委。张琳说：『临时执政还可以。』李处温说：『现在天意人心都已如此，请按班位次序站立吧！』处温等人请耶律淳受朝拜礼，耶律淳刚出来，李奭便拿着赭色皇袍给他披上，让百官叩拜欢呼。耶律淳十分惊异害怕，再三推辞，推不掉只好顺从。于是由李处温任太尉，左企弓任司徒，曹勇义掌管枢密院事，虞仲文为参知政事，张琳任太师，李处能管理枢密院，李奭为少府少监、提举翰林医官，李爽，陈秘等十几人曾经参与商讨大计，都赐给进士及第衔，分别授以官职。萧干任北枢密使，驸马都尉萧旦掌管枢密院事务。将怨军改称为常胜军。于是实行大赦，自称为天锡皇帝，改年号为天福，将天祚降封为湘阴王。占据的疆域有燕、云、平及上京、辽西六路。天祚所有的领土，只有沙漠以北，西南、西北路两都招讨府及各蕃部族。

夏季四月辛卯日，西南面招讨使耶律佛顶投降金国，云内、宁边、东胜等州都相继投降。原金国叛逃人员阿疏被金兵俘获。金已占领西京，沙漠以南各部族都向金投降。皇上随后逃往讹莎烈。这时北部的谟葛失送来马匹、骆驼和食羊。

五月甲戌日，都统马哥收集溃散的军队，在沤里谨集合。

丙子日，任命马哥为知北院枢密使事，兼任都统。

六月，耶律淳患病卧床不起，听说天祚皇帝向天德州、云内州、朔州、武州、应州、蔚州等地发出檄文，将集合各蕃

族精锐部队五万骑兵，在八月进入燕国，并派人来慰劳，索要布衣皮衣、茶叶药品等。耶律淳很害怕，命令南、北面大臣商讨对策。而李处温和萧干等人的意见是迎秦王耶律定而抵抗湘阴王天祚，于是召集蕃族及汉族百官商量。同意这一意见的站在东面，只有南面行营都部署耶律宁站在西面。李处温等问他是何道理，耶律宁说：『天祚如果真能够带领各蕃族军队大举进攻夺取燕地，就是他作为皇帝的气数未尽，哪能拒绝他？若不然，秦王耶律定和湘阴王天祚也是父子关系，要拒绝就都拒绝，自古以来哪里有迎奉儿子而拒绝他父亲的事？』

李处温等人相视微笑，便以耶律宁煽动惑乱军心为由，打算杀了他。耶律淳倚在枕头上长叹说：『他是忠臣啊，怎能杀他？如果天祚真回来，我只有死，哪里还有脸面与他相见呢！』此后不久耶律淳死去。于是大家商议拥立他妻子萧氏为皇太后，主持军国大事。遵照耶律淳的遗命，迎立天祚的次子秦王耶律定为皇帝，由太后行使皇帝的权力，改年号为德兴。李处温父子怕遭祸，便南面串通童贯，打算挟持萧太后归顺宋朝；北面与金国串通，打算作为内应。对外，以援立秦王的大功自我表白。萧太后大骂他说：『贻误秦晋国王的，都是你们父子！』历数他的几十宗罪过，赐死，将他儿子碎尸；没收他的家产，抄到钱七万串，金制玉制宝器很多，都是在当宰相几个月内搜刮所得。谟葛失派兵来支援，被金兵在洪灰水打败，金兵还抓去了他的儿子陀古和属将阿敌音。夏国的援兵来到，也被金兵打败。

秋季七月丁巳初一，敌烈部皮室反叛，乌古部节度使耶律棠古攻打平定了他，为棠古加官太子太保。乙丑日，上京毛八十率领民众两千户投降金国。辛未日，夏国派使者曹价来问候平安。

八月戊戌日，天祚皇帝与金军相遇，在石辇驿交战，被打败，都统萧特末及他侄子撒古被俘。辛丑日，将军队集中到欢挞新查剌，金兵追得很紧，辽军扔掉了武器辎重逃走。

九月，敌烈部反叛，都统马哥降伏了他们。

冬十月，金兵攻打蔚州，守兵投降。

十一月乙丑日，皇帝听说金兵已到奉圣州，便带领卫兵在落昆髓屯营。秦晋王耶律淳的妻子萧德妃曾五次上书金国，请求立秦王为帝，金国不允许。萧德妃便派强兵把守居庸关。待金兵来到关下时，山上崖石自行崩落，守关兵卒大多被压死。尚未开战就自行溃散。德妃出古北口，投奔天德军。

十二月，天祚皇帝得知金国君主已在南京稳定了局势，便经扫里关外出，住到四部族详稳的家里。

三年春正月丁巳，奚王回离保僭号，称天复元年，命都统马哥讨之。甲子，初，张毂为辽兴军节度副使，民

推毂领州事。秦晋王淳既死，萧德妃遣时立爱知平州。毂知辽必亡，练兵畜马，籍丁壮为备。立爱至，毂弗纳。金帅粘罕入燕，首问平州事于故参知政事康公弼。公弼曰：『毂狂妄寡谋，虽有乡兵，彼何能为①？示之不疑，图之未晚。』金人招时立爱赴军前，加毂临海军节度使，仍知平州。既而又欲以精兵三千先下平州，擒张毂。公弼曰：『若加兵，是趣之叛也。』公弼请自往觇之。毂谓公弼曰：『辽之八路，七路已降；独平州未解甲者，防萧干耳。』厚赂公弼而还。公弼复粘罕曰：『彼无足虑②。』金人遂改平州为南京，加毂试中书门下平章事，判留守事。庚辰，宜、锦、乾、显、成、川、豪、懿等州相继皆降，上京卢彦伦叛，杀契丹人。

二月乙酉朔，兴中府降金。来州归德军节度使田颢、权隰州刺史杜师回、权迁州刺史高永昌、权润州刺史张成，皆籍所管户降金。丙戌，诛萧德妃，降淳为庶人，尽释其党③。癸巳，兴中、宜州复城守。

三月，驻跸于云内州南。

夏四月甲申朔，以知北院枢密使事萧僧孝奴为诸道大都督。丙申，金兵至居庸关，擒耶律大石。戊戌，金兵围辎重于青冢，硬寨太保特母哥窃梁王雅里以遁，秦王、许王、诸妃、公主、从臣皆陷没。庚子，梁宋大长公主特里亡归。壬寅，金遣人来招。癸卯，答言请和。丙午，金兵送族属辎重东行，乃遣兵邀战于白水泺，赵王习泥烈、萧道宁皆被执。上遣牌印郎君谋卢瓦送兔纽金印伪降，遂西遁云内。驸马都尉乳奴诣金降。己酉，金复以书来招，答其书。壬子，金帅书来，不许请和。是月，特母哥挈雅里至，上怒不能尽救诸子，诘之④。

五月乙卯，夏国王李乾顺遣使请临其国。庚申，军将耶律敌烈等夜劫梁王雅里奔西北部，立以为帝，改元神历。辛酉，渡河，止于金肃军北。回离保为众所杀。

六月，遣使册李乾顺为夏国皇帝。

秋九月，耶律大石自金来归。

冬十月，复渡河东还，居突吕不部。梁王雅里殁，耶律术烈继之。

十一月，术烈为众所杀。

四年春正月，上趋都统马哥军。金人来攻，弃营北遁，马哥被执。谟葛失来迎，赆马、驼、羊，又率部人防卫。时侍从乏粮数日，以衣易羊。至乌古敌烈部，以都黠点检萧乙薛知北院枢密使事，封谟葛失为神于越王。特母哥降金。

二月，耶律遥设等十人谋叛，伏诛。

夏五月，金人既克燕，驱燕之大家东徙，以燕空城

及涿、易、檀、顺、景、蓟州与宋以塞盟。左企弓、康公弼、曹勇义、虞仲文皆东迁。燕民流离道路，不胜其苦，入平州，言于留守张瑴曰：『宰相左企弓不谋守燕，使吾民流离，无所安集。公今临巨镇，握强兵，尽忠于辽，必能使我复归乡土，人心亦惟公是望。』瑴遂召诸将领议。皆曰：『闻天祚兵势复振，出没漠南。公若仗义勤王，奉迎天祚，以图中兴，先责左企弓等叛降之罪而诛之，尽归燕民，使复其业，而以平州归宋，则宋无不接纳，平州遂为藩镇矣。即后日金人加兵，内用平山之军，外得宋为之援，又何惧焉！』瑴曰：『此大事也，不可草草。翰林学士李石智而多谋，可召与议。』石至，其言与之合。乃遣张谦率五百余骑，传留守令，召宰相左企弓、曹勇义、枢密使虞仲文、参知政事康公弼至滦河西岸，遣议事官赵秘校往数十罪，曰：『天祚播迁夹山，不即奉迎，一也；劝皇叔秦晋王僭号，二也；诋讦君父，降封湘阴，三也；天祚遣知阁王有庆来议事而杀之，四也；檄书始至，有迎秦拒湘之议，五也；不谋守燕而降，六也；不顾大义，臣事于金，七也；根括燕财，取悦于金，八也；使燕人迁徙失业，九也；教金人发兵先下平州，十也。尔有十罪，所不容诛。』左企弓等无以对，皆缢杀之⑤。仍称保大三年，画天祚象，朝夕谒，事必告而后行，称辽官秩。

六月，榜谕燕人复业，恒产为常胜军所占者，悉还之。燕民既得归，大悦。翰林学士李石更名安弼，偕故三司使高党往燕山，说宋王安中曰：『平州带甲万余，瑴有文武材，可用为屏翰；不然，将为肘腋之患。』安中深然之，令安弼与党诣宋。宋主诏帅臣王安中、詹度厚加安抚，与免三年常赋。瑴闻之，自谓得计⑥。

秋七月，金人屯来州，阇母闻平州附宋，以二千骑问罪，先入营州。瑴以精兵万骑击败之。宋建平州为泰宁军，以瑴为节度使，以安弼、党为徽猷阁待制，令宣抚司出银绢数万犒赏。瑴喜，远迎。金人谍知，举兵来袭，瑴不得归，奔燕。金人克三州，始来索瑴，王安中讳之。索急，斩一人貌类者去。金人曰，非瑴也，以兵来取。安中不得已，杀瑴，函其首送金。天祚既得林牙耶律大石兵归，又得阴山室韦谟葛失兵，自谓得天助，再谋出兵，复收燕、云。大石林牙力谏曰：『自金人初陷长春、辽阳，则车驾不幸广平淀，而都中京；及陷上京，则都燕山；及陷中京，则幸云中；自云中而播迁夹山。向以全师不谋战备，使举国汉地皆为金有。国势至此，而方求战，非计也。当养兵待时而动，不可轻举。』不从。大石遂杀乙薛及坡里括，置北、南面官属，自立为王，率所部西去。上遂率诸军出夹山，下渔阳岭，取天德、东胜、宁边、云内等州。南下武州，遇金人，战于奄遏下水，复溃，直趋山阴。

八月，国舅详稳萧挞不也、笔砚祗候察刺降金。是月，金主阿骨打死。

注释 ①毂狂妄寡谋，虽有乡兵，彼何能为：张毂狂妄自大，缺乏智谋，即使有一些兵力，也做不了什么大事。②彼无足虑：不必担心他。③尽释其党：将所有党羽遣散。④上怒不能尽救诸子，诘之：皇上责备他没有将所有的人都解救出来。⑤皆缢杀之：缢，指勒死。⑥毂闻之，自谓得计：张毂听说后，自以为计谋得逞。

译文 保大三年春季正月丁巳日，奚王回离保自立称帝，称天复元年。天祚帝命令都统马哥去讨伐他。甲子日，原来，张毂是辽兴军节度副使，民众推举他主持州事。秦晋王耶律淳死后，萧德妃派时立爱去掌管平州。张毂看出辽国必定灭亡，便操练士卒，储备马匹，登记壮丁为后备。时立爱来到后，张毂不接受替代。金国统帅粘罕进入燕地后，首先向原来的参知政事康公弼征询对平州事务的意见。公弼说：『张毂狂妄自大，缺乏谋略，即使有些地方武装，他能做出什么大事？可以先稳住使他不生疑，以后再处理他不晚。』金人即将时立爱召回军队，加封张毂为临海军节度使，仍旧主持平州事务。不久金人又想派三千名精兵去攻下平州，捉拿张毂。康公弼说：『如果出兵攻打，就会促使他反叛。』公弼表示愿意亲自前往观察情况。张毂向公弼说：『辽国八路地区，七路已经投降；唯独平州没有放下武器，只不过是为了防备萧干。』给公弼大量贿赂即返回。公弼回复粘罕说：『对他不必担心。』于是金人改平州为南京，为张毂加官试中书门下平章事，判留守事。庚辰日，宜、锦、乾、显、成、川、豪、懿等各州相继投降，上京卢彦伦反叛，杀害契丹人。

二月乙酉日初一，兴中府投降金国。来州归德军节度使田颢、代理隰州刺史杜师回、代理迁州刺史高永昌、代理润州刺史张成，都携领所管辖民户投降金国。丙戌日，处死萧德妃，将死去的耶律淳贬降为普通百姓，他们的党羽全部迁散。癸巳日，收复了兴中府和宜州的城池。

三月，天祚帝驻留在云内州以南。

夏四月甲申初一，任命掌管北院枢密使事萧僧孝奴为诸道大都督。丙申日，金兵到居庸关，擒获耶律大石。戊戌日，金兵将辽军武器给养等围截在青冢，硬寨太保特母哥偷带着梁王雅里逃出，秦王、许王、各妃后、公主和随从大臣均落入敌人之手。庚子日，梁宋大长公主特里逃脱回来。壬寅日，金派人来招降。

癸卯日，答复对方请求议和。丙午日，金兵将所获家族皇属和物资往东送去，并派兵在白水泺求战，赵王习泥烈、萧道

宁都被俘。皇上派牌印郎君谋卢瓦把带兔纽的金印送给金人假投降，随后向西逃到云内。驸马都尉乳奴去金人那里投降。己酉日，金又来书招降，回了信。壬子日，金国统帅来信，不答应议和的请求。当月，特母哥带着雅里来到，皇上对于他没能把所有人都解救出来感到很生气，训斥了他。

五月乙卯日，夏国王李乾顺派使者来请皇上到他们国家去。庚申日，军队将领耶律敌烈等夜间劫持梁王雅里向西北部逃去，拥立雅里为皇帝，改年号为神历。辛酉日，渡过黄河，停留在金萧军以北。回离保被他的属下官民杀死。

六月，派使者册封李乾顺为夏国皇帝。

秋九月，耶律大石从金国回来。

冬十月，又渡过黄河回到东岸，住在突吕不部。梁王雅里逝世，耶律术烈继承帝位。

十一月，术烈被属下官兵杀死。

保大四年春季正月，天祚皇帝前往都统马哥军中。金人派兵来攻打，皇帝放弃军营向北逃去，马哥被敌人俘获。谟葛失前来迎驾，送来马匹、骆驼、羊，又率领所属军队保卫。当时侍从人员连续几天没有粮食，用衣服换羊吃。到了乌古敌烈部，任命都点检萧乙薛为知北院枢密使事，封谟葛失为神于越王。特母哥投降了金人。

二月，耶律遥设等十人阴谋反叛，被处死。

夏季五月，金人占领燕地以后，便强逼燕京的豪门大家东迁，将燕京这一空城和涿、易、檀、顺、景、蓟等州送给宋国作为对修盟的酬谢。左企弓、康公弼、曹勇义、虞仲文都东迁。燕地民众沿途流离失所，痛苦不堪，进入平州后，便向留守张瑴说：『宰相左企弓不设法守住燕地，使我们百姓颠沛流离，无处安身。您大人占据着重地，拥有强兵，对辽国尽忠，一定能够让我们重新回到故乡本土去，大家都只有指望大人了。』于是张瑴召集各将领商量。大家一致说：『听说天祚帝已重振军威，在漠南一带出没。大人应当执仗正义，为帝王效力，迎奉天祚，以求重新振兴国邦；首先谴责左企弓等人叛国投敌的罪行，而后处死他们；使燕地民众都返还故里，重新兴家立业；而使平州归顺于宋国，宋决不会不接受，这样平州就成了宋国的藩镇。即使日后金人派兵来攻，我们内可以使用平山的军队，外可以得到宋国的支援，还怕什么呢！』张瑴说：『这是大事，不能草率。翰林学士李石机智多谋，可找他来商量。』李石来到后，他的说法与大家的意见一致。于是派张谦率领五百多名骑兵，传达留守的命令，召集宰相左企弓、曹勇义、枢密使虞仲文、参知政事康公弼到滦河西岸，派议事官赵秘校去列举他们的十项罪状说：『第一，天祚皇帝流离迁徙到夹山，不立即前去奉迎；第二，鼓动皇叔秦晋王耶律淳擅立国号称帝；第三，暴露君王的隐私进行诽谤，并降封为湘阴王；

第四，天祚皇帝派知阁王有庆来商量事情而被杀；第五，檄书刚到时有迎立秦王、拒绝湘阴王的论调；第六，不设法防守燕地而投降；第七，不顾大义气节而向金国称臣；第八，搜尽燕地资财去取悦于金；第九，使燕地民众迁徙失业；第十，教唆金人派兵先攻打平州。你们有十大罪行，罪不容诛。』左企弓等人无话可说，全被勒死。仍延用原年号保大三年，画天祚帝像，早晚参拜，凡事必定向皇帝画像禀告以后再施行，官职仍按辽国官制称呼。

六月，张贴皇帝的告示令燕地民众都恢复旧业，房地产业凡被常胜军所占据的，全部归还。燕地民众得以返回故乡，大家兴高采烈。翰林学士李石改名为安弼，带领原来的三司使高党前往燕山，向宋国的王安中游说道：『平州有军队一万多人，张瑴有文才武略，可用为镇守一方的长官；不然，他将成为一个制肘的祸患。』安中觉得很对，便让安弼和高党去见宋国皇帝。宋帝命令帅臣王安中、詹度给以优厚待遇安抚，准许三年内免交一般赋税。张瑴得知后，自以为得计。

秋七月，金兵驻扎在来州，阇母得知平州归附了宋国，便率领两千名骑兵来问罪，先进入了营州。张瑴派精锐骑兵一万人将他打败。宋国将平州建制为泰宁军，任命张瑴为节度使，安弼和高党为徽猷阁待制，命令宣抚司拨出几万银两和绢匹进行犒赏。张瑴十分高兴，远出去迎接宋使。金人探知这一消息，便派兵趁机前往袭击，张瑴无法返回原处。金兵先攻占了三个州，再提出要张瑴，王安中回避不答复。催要得更急，便杀了一个面貌与张瑴长得差不多的人送去。金人说这不是张瑴，要派兵来捉拿，王安中不得已杀了张瑴，把他的首级装入盒内送给金人。天祚有了林牙耶律大石带回的军队，又有了阴山室韦谟葛失的军队，自己说是得到了苍天的助力，又谋划出兵，收复燕地和云州。大石林牙极力劝谏说：『自从金人一开始攻陷长春、辽阳以后，皇上没有前去广平淀，而是退居中京。后来上京陷落，居住在燕山；中京陷落，到了云中；从云中又逃奔到夹山。一向为了保存人员而没有谋划准备打仗，以致全国汉族集居的地区全被金人占据。现在国势到了这般地步，才主动去求战，这不是办法。应该养兵蓄锐，等待时机再行作，不可轻举』。天祚帝不听。耶律大石于是杀死萧乙薛和坡里括，设置北、南面官属，自立为王，率领所属人马向西进发。天祚皇帝便率领各军出夹山，攻下渔阳岭，占据了天德、东胜、宁边、云内等州。往南到武州，与金国军队相遇，在奄遏下水发生战斗，又被打败，一直奔向山阴。

八月，国舅详稳萧挞不也、笔砚祗候察刺投降金人。这月内，金国君主阿骨打死去。

五年春正月辛巳，党项小斛禄遣人请临其地。戊子，

趋天德，过沙漠，金兵忽至。上徒步出走，近侍进珠帽，却之，乘张仁贵马得脱，至天德。己丑，遇雪，无御寒具，术者以貂裘帽进；途次绝粮，术者进麨与枣；欲憩①，术者即跪坐，倚之假寐②。术者辈惟啮冰雪以济饥。过天德。至夜，将宿民家，绐曰侦骑，其家知之，乃叩马首，跪而大恸，潜宿其家。居数日，嘉其忠，遥授以节度使，遂趋党项。以小斛禄为西南面招讨使，总知军事，仍赐其子及诸校爵赏有差。

二月，至应州新城东六十里，为金人完颜娄室等所获。

八月癸卯，至金。丙午，降封海滨王。以疾终，年五十有四，在位二十四年。金皇统元年二月，改封豫王。五年，葬于广宁府闾阳县乾陵傍。

注释 ①欲憩：想要休息。②倚之假寐：倚靠在他身上小睡。

译文 保大五年正月辛巳日，党项的小斛禄派人来请天祚皇帝去他所在的地方。戊子日，皇帝出发去天德，越过沙漠，金兵忽然到来。皇帝徒步逃出，近身侍从人员送上珠帽，皇上不要，骑上张仁贵的马得以逃脱，到达天德。乙丑日，遇上天下大雪，没有御寒衣物，术者把貂皮衣帽，送给皇帝；途中没有了粮食，术者送上炒面和枣；皇帝想休息，术者便跪坐，让皇帝倚在他身上小睡。术者一伙人自己只吃冰雪充饥。过了天德。到夜晚，打算住进民家过夜，便谎称是侦察骑兵，当那家人知道了是皇帝，便对马首叩拜，跪着号啕大哭，皇帝便藏在他家中。住了几天，皇帝很赞赏他的忠心，授他为节度使，随兵往党项去了。任命小斛禄为西南面招讨使，总管军事，并对他儿子和军官们按不同等第封赐爵位奖赏。

二月，到应州新城以东六十里处，皇帝被金人完颜娄宝等人所俘获。

八月癸卯日，天祚到达金国。丙午日，降封他为海滨王。后因病去世，时年五十四岁，在皇帝位二十四年。金皇统元年二月，改封豫王。五年，葬在广宁府闾阳县辽景宗乾陵的近旁。

金史

二十四史精华

元·脱脱等著

太祖本纪

太祖应乾兴运昭德定功仁明庄孝大圣武元皇帝，讳①旻，本讳阿骨打，世祖第二子也。母曰翼简皇后拏懒氏。辽道宗时有五色云气屡出东方，大若二千斛囷仓之状，司天孔致和窃谓人曰：『其下当生异人②，建非常之事。天以象告，非人力所能为也。』咸雍四年戊申，七月一日，太祖生。幼时与群儿戏，力兼数辈，举止端重，世祖尤爱之。世祖与腊碚、麻产战于野鹊水，世祖被四创，疾困，坐太祖于膝，循其发而抚之，曰：『此儿长大，吾复何忧。』十岁，好弓矢。甫成童，即善射。一日，辽使坐府中，顾见太祖手持弓矢，使射群乌，连三发皆中。辽使矍然曰：『奇男子也。』太祖尝宴纥石烈部活离罕家，散步门外，南望高阜，使众射之，皆不能至。太祖一发过之，度所至逾三百二十步。宗室谩都诃最善射远，其不及者犹百步也。天德三年，立射碑以识③焉。

世祖伐卜灰，太祖因④辞不失请从行。世祖不许而心异之。乌春既死，窝谋罕请和。既请和，复来攻，遂围其城。太祖年二十三，被短甲，免胄，不介马，行围号令诸军。城中望而识之。壮士太峪乘骏马持枪出城，驰刺太祖。太祖不及备，舅氏活腊胡驰出其间，击太峪，枪折，刺中其马。太峪仅得免。尝与沙忽带出营杀略，不令世祖知之。且还，敌以重兵追之。独行隘巷中，失道⑤，追者益急。值高岸与人等，马一跃而过，追者乃⑥还。

注释　①讳：即名讳。②异人：不同一般人。③识：即坐标记。④因：因为。⑤失道：即无路可走。⑥乃：于是之意。

译文　金太祖，号称应乾兴运昭德定功仁明庄孝大圣武元皇帝，他的名讳是完颜旻，本名叫阿骨打，是金世祖的第二个儿子。他的母亲是翼简皇后拏懒氏。辽国道宗时代曾经有五色云气在东方出现，形状像容量为两千斛的圆形大谷仓，司天孔致和私下对别人说：『这片五色云气下面应当有不同寻常的人出生，创建不寻常的事业。老天用气象告诉我们，不是人力所能做到的。』咸雍四年戊申，七月初一日，太祖降生。年幼时和一群儿童游戏，力气相当几个孩子的气力，再加上他行为举止端庄持重，世祖特别喜爱他。世祖与腊碚、麻产在野鹊水交战，世祖劾里钵身上四处受伤，伤势沉重，就让太祖坐在他的膝上，理着他的头发说：『这个孩子长大了，我还有什么可以忧虑的啊。』十岁时，太祖便喜好弓箭。刚十五岁，就善于射箭。一天，辽国使节坐在府内，看见太祖手中拿着弓箭，让他射群乌，连发三箭都射中了。辽国使节惊异地说：『真是奇异的男子啊！』阿骨打曾经在纥石烈部的活离罕家参加宴会，散步走到门外，向南望见一高坡，让众人射此高坡，都不能射到高坡。太祖一发弓就射过高坡，估量箭所到之处越高坡不止三百二十步。完颜谩都诃最善于远射，他射出的还差一百步。天德三年，在太祖所射到的地方立射碑用以记住此事。

金世祖攻伐卜灰，太祖因为辞不失在军中而要求随从前往。世祖不允许但是心里奇怪这件事。乌春已经死了，窝谋罕请求议和。已经请和了，又来进攻，于是包围了窝谋罕的城池。太祖当年二十三岁，身披短甲，不戴头盔，不用马辅助，围着城跑向诸军发号施令。城中的将领嘹望城外认出太祖。壮士太峪骑骏马持枪冲出城，疾驰到太祖面前举枪即刺。太祖来不及防备，他舅父活腊胡疾驰到他们中间，攻击太峪，枪折断，只刺中太峪的马。太峪脱身。太祖曾经和沙忽带出军营杀伐劫掠，瞒着不让劾里钵知道此事。而回营时，敌方用重兵追逐他们。太祖单骑走到狭窄的街巷中，没有路了，后面的追兵越来越近了。正赶上一高墙与人一样高，太祖的坐骑一跃而过，追击的人只好作罢返回。

世祖寝疾①。太祖以事如辽统军司。将行，世祖戒之曰：『汝速了此事，五月未半而归，则我犹及见汝也。』太祖往见曷鲁骚古统军，既毕事，前世祖没②一日还至家。世祖见太祖来，所请事皆如志，喜甚，执太祖手，抱其颈而抚之，谓穆宗曰：『乌雅束柔善，惟此子足了契丹事。』穆宗亦雅重③太祖，出入必俱。太祖远出而归，穆宗必亲迓之。

世祖已擒腊碚，麻产尚据直屋铠水。肃宗使太祖先取麻产家属，康宗至直屋铠水围之。太祖会军，亲获麻产，献馘于辽。辽命太祖为详稳，仍命穆宗、辞不失、欢都皆为详稳。久之，以偏师伐泥庞古部跋黑、播立开等，乃以达涂阿为乡道，沿帅水夜行袭之，卤④其妻子。

初，温都部跋忒杀唐括部跋葛，穆宗命太祖伐之。太祖入辞，谓穆宗曰：『昨夕见赤祥，此行必克敌。』遂行。是岁大雪，寒甚。与乌古论部兵沿土温水过末邻乡，追及跋忒于阿斯温山北泺之间，杀之。军还，穆宗亲迓⑤太祖于霭建村。

注释 ①寝疾：卧病。②没：去世之意。③雅重：看重。④卤：虏获之意。⑤亲迓：亲自迎接之意。

译文 世祖卧病在床。太祖因事要到辽国统军司去。临行前，世祖告诫他说：『你快点办完这件事，不到五月半就要回来，那样我还来得及见你。』太祖去见了曷鲁骚古统军，事情已经办完，在世祖逝世前一天回到家里。世祖见太祖回来了，所希望的事都如了愿，高兴极了，拉着太祖的手，抱着他的脖子爱

抚他，对穆宗说：『乌雅束柔弱善良，只有这个孩子可以成就契丹的大业。』穆宗也向来推崇太祖，出入一定同行。太祖出远门归来，穆宗一定亲自迎接他。

世祖已经擒获腊碚，可是麻产还占据着直屋铠水。肃宗颇刺淑（完颜阿骨打的四叔）派阿骨打先捉拿麻产的家属，康宗乌雅束到直屋铠水围剿麻产。阿骨打与大军会合，亲自捉住了麻产，杀死他后并将他的首级上献于辽朝。辽朝任命阿骨打为详稳，同时还任命盈歌、辞不失、欢都为详稳。时间长了，阿骨打用偏师征伐泥庞古部的跋黑、播立开等。于是以达涂阿为向导，夜间沿着帅水行进偷袭他们，掠获了他们的妻子儿女。

当初，温都部的跋忒杀了唐括部的跋葛，穆宗完颜盈歌命令阿骨打去讨伐温都部。入见告辞向盈歌说：『昨天见的赤色是祥瑞，这次出征必定战胜敌人。』于是出发了。这一年下大雪，非常寒冷。阿骨打率军和乌古论部的军队沿着土温水越过末邻乡，在阿斯温山北泺之间追上跋忒，将跋忒杀死。军队归来时，穆宗盈歌在霭建村亲自迎接阿骨打。

撒改以都统伐①留可，谩都诃合石土门伐敌库德。撒改与将佐议，或欲先平边地部落城堡，或欲径攻留可城，议不能决，愿得太祖至军中。穆宗使太祖往，曰：『事必有可疑。军之未发者止有甲士七十，尽以畀汝②。』谩都诃在米里迷石罕城下，石土门未到，土人欲执谩都诃以与敌，使来告急，遇太祖于斜堆甸。太祖曰：『国兵尽在此矣。使敌先得志于谩都诃，后虽种诛之，何益也。』乃分甲士四十与之。太祖以三十人诣③撒改军。道遇人曰：『敌已据盆搦岭南路矣。』众欲由沙偏岭往，太祖曰：『汝等畏敌耶？』既度盆搦岭，不见敌，已而闻敌乃守沙偏岭以拒我。及致撒改军，夜急攻之，迟明破其众。是时，留可、坞塔皆在辽。既破留可，还攻坞塔城，城中人以城降。初，太祖过盆搦岭，经坞塔城下，从骑有后者，坞塔城人攻而夺之釜。太祖驻马呼谓之曰：『毋取我炊食器。』其人谩言曰：『公能来此，何忧不得食。』太祖以鞭指之曰：『吾破留可，即于汝乎取之。』至是，其人持釜而前曰：『奴辈谁敢毁④详稳之器也。』遣蒲家奴招诈都，诈都乃降，释之。

穆宗将伐萧海里，募兵得千余人。女直兵未尝满千，至是，太祖勇气自倍⑤，曰：『有此甲兵，何事不可图也。』海里来战，与辽兵合，因止辽人，自为战。勃海留守以甲赠太祖，太祖亦不受。穆宗问何为不受。曰：『被彼甲而战，战胜则是因彼成功也。』穆宗末年，令诸部不得擅置信牌驰驿讯事，号令自此始一，皆自太祖启⑥之。

康宗七年，岁不登⑦，民多流莩，强者转而为盗。欢都等欲重其法⑧，为盗者皆杀之。太祖曰：『以财杀人，不可。财者，人所致也。』遂减盗贼征偿法为征三倍。民间多逋负⑨，卖妻子不能偿，康宗与官属会议，太祖在外庭以帛系杖端，麾其众，令曰：『今贫者不能自活，卖妻子以偿债。骨肉之爱，人心所同。自今三年勿征，过三年徐图之。』众皆听令，闻者感泣，自是远近归心焉。

注释 ①伐：攻打之意。②畀汝：即交给你。③诣：前往之意。④毁：毁坏之意。⑤自倍：自然增倍之意。⑥启：即开启。⑦岁不登：年成不好。⑧重其法：法律严厉。⑨逋负：负债逃亡。

译文 撒改以都统的身份攻伐留可，谩都诃和石土门合兵攻伐敌库德。撒改和将领们商议，有的想先扫平边地部落城堡，有的要直接攻打留可城，争议而不能决断，都愿意把太祖请到军中。穆宗让太祖到军中去，说：『事情一定有可疑之处。军队没派出去的只剩下七十名甲士，全部交付给你。』谩都诃在米里迷石罕城下，石土门没有按时到那里，当地人要抓谩都诃，把他交给敌人，谩都诃派人来告急，在斜堆甸遇到太祖。太祖说：『国家的军队全部都在这里了。如果让敌人先在谩都诃身上得志，今后虽然照样杀了他们，又有什么好处呢？』于是分出四十名甲士给了告急的使者。太祖带领剩下的三十名甲士前往撒改军。途中遇到有人说：『敌人已经占据盆搦岭的南路了。』众人想取道沙偏岭前往，太祖说：『你们害怕敌人吗？』阿骨打已经越过了盆搦岭，却没见到敌人，接着又听说敌人据守在沙偏岭来抗拒官军。到了撒改的军队那里，夜间急速进攻沙偏岭，到天明后打败了敌军。当时留可、坞塔都在辽国。破了留可的军队以后，回头又攻打坞塔城，城中人献出城而投降了。当初，太祖翻过盆搦岭，经过坞塔城城下，随从的骑士有落在后面的，遭到坞塔城人的攻击而被夺去了炊事用具。太祖停住马向坞塔城人喊话说：『不要拿我的煮饭器具！』坞塔城人轻蔑地说：『你如果能来这里，还愁吃不上饭！』太祖用鞭子指着他们说：『我破了留可，就到你们这里来取它！』到了此时，那个坞塔城人拿着炊具到太祖面前说：『奴婢谁也不敢毁坏详稳的器具。』于是派蒲家奴去招抚诈都，诈都就投降了，太祖释放了他。

穆宗将讨伐萧海里，征集士兵一千多人。女真的队伍未曾满过千人的，到这时候，太祖自然是勇气倍增，说：『有这些甲兵，什么事不能去图谋呢？』海里来交战，原与辽兵配合，现在劝止了辽人，阿骨打自己去应战。渤海太守要把铠甲赠给太祖，太祖也不接受。穆宗问为什么不接受，太祖说：『披上他的铠甲去打仗，那么打胜了，是因为他的功劳了。』穆宗末年，下令诸部不得擅自设置信牌在驿站间奔驰通讯，号令从这时开始统一，这都是由太祖开启的。

康宗乌雅束在位第七年，年景不好，五谷不丰，民间多有流浪饿死的人，强者转而为盗贼。欢都等人想加重其刑法，凡是为盗贼者都杀掉。阿骨打说：『因为钱财而杀人，不可以。钱财，是人所创造的。』于是减盗贼征偿法为征收的三倍。民间大多拖欠税赋，出卖妻子儿女不能偿还。乌雅束与属吏一起商议，阿骨打在外庭用丝帛系在杖端，指挥众人，下令说：『现在贫穷的人不能自己养活自己，出卖妻子儿子用以偿还债务。骨肉之间爱心，是人心所共有的。从现在起三年不要征收税赋，过三年以后慢慢谋求征收税赋。』众人都听从他的命令，听到的人感动得哭了，从这时起，远近民心都归服他。

岁癸巳十月，康宗梦逐狼，屡发不能中，太祖前射中之。旦日，以所梦问僚佐，众皆曰：『吉。兄不能得而弟得之之兆也。』是月，康宗即世，太祖袭位为都勃极烈。辽使阿息保来，曰：『何以不告丧？』太祖曰：『有丧不能吊，而乃以为罪乎？』他日，阿息保复来，径骑①至康宗殡所。阅赗马②，欲取之。太祖怒，将杀之，宗雄谏而止。既而辽命久不至。辽主好畋猎，淫酗怠③于政事，四方奏事往往不见省。纥石烈阿疏既奔辽，穆宗取其城及其部众。不能归，遂与族弟银术可、辞里罕阴结南江居人浑都仆速，欲与俱亡入高丽。事觉，太祖使夹古撒喝捕之，而银术可、辞里罕先为辽戍所获，浑都仆速已亡去，撒喝取其妻子而还。

二年甲午，六月，太祖至江西，辽使使来致袭节度之命。初，辽每岁遣使市名鹰『海东青』于海上，道出境内，使者贪纵，征索无艺④，公私厌苦之。康宗尝以不遣阿疏为言，稍拒其使者。太祖嗣节度，亦遣蒲家奴往索阿疏，故常以此二者为言，终至于灭辽然后已。至是，复遣宗室习古乃、完颜银术可往索阿疏。习古乃等还，具言辽主骄肆废弛之状。于是召官僚耆旧，以伐辽告之，使备⑤冲要，建城堡，修戎器，以听后命。辽统军司闻之，使节度使捏哥来问状，曰：『汝等有异志乎？修战具，饬守备，将以谁御？』太祖答之曰：『设险自守，又何问哉。』辽复遣阿息保来诘之。太祖谓之曰：『我小国也，事大国不敢废礼。大国德泽不施，而逋逃是主⑥，以此字小，能无望乎？若以阿疏与我，请事朝贡。苟不获已，岂能束手受制也。』阿息保还，辽人始为备，命统军萧挞不野调诸军于宁江州。

注释 ①径骑：直接骑到。②赗马：这里指送葬的马。③淫酗怠：懈怠之意。④征索无艺：即征收索要没有限度。⑤备：修备之意。⑥逋逃是主：即容纳包庇叛逃的人。

译文 癸巳年十月，康宗梦见自己追杀一只狼，屡射没有打中，太祖上前射中了。天明以后，他把所做的梦告诉左右，众人都说：『吉祥！这是兄长不能得而弟弟能得到王位的吉祥征兆啊！』就在这个月，康宗就逝世了，太祖承袭了都勃极烈之位。

辽国使者阿息保来见太祖阿骨打，说：『你的兄长死了，你为什么不报丧？』太祖说：『有丧不能凭吊，你们也认为是罪过吗？』过了些天，阿息保又来，直接骑马到康宗殡仪的场所，看见送葬的马，想取走。太祖发怒了，要杀阿息保，宗雄劝谏止住了他。随之而来的是辽朝的任命令久久不到。辽朝天祚帝好打猎，荒淫、酗酒怠惰朝政，天下四方送来的奏折往往不予审阅批览。纥石烈阿疏已投奔辽朝，盈歌夺取了他的城池和他属下的兵民众人。他不能回归故地，就和族弟银术可、辞里罕暗地里勾结南江居人浑都仆速，想和他们一起都逃亡到高丽。事情被察觉，太祖派遣夹古撒喝去逮捕他们，然而银术可、辞里罕先被辽国卫戍部队所擒获，浑都仆速已经逃走了，夹古撒喝把他的妻子和儿子抓起来返回。

第二年（一一一四）六月，太祖到江西，辽国派遣使者来传达要太祖承袭节度使的命令。起初，辽国每年遣派使者在海上购买叫『海东青』的名鹰，来往均要路经境内，使者贪婪放纵；征收索要没有限度，公署或个人对他们的刁难十分厌恶。康宗曾经以辽国不遣还阿疏为理由，稍微抗拒了辽国使者。太祖继承了节度使之职，也派蒲家奴到辽国去索要阿疏，经常谈及这两件事，直至灭辽之后。至此，又派宗室习古乃、完颜银术可前往辽朝索要阿疏。习古乃等人回来，详细地述说了辽天祚帝骄奢放肆、荒疏朝政的情况。于是阿骨打召集官僚及年长的旧好，把将要讨伐辽朝的打算告诉他们，让他们守备军事、交通要道，修建城堡，整修兵器，等待听候命令。辽统军司知道了这情况，派节度使捏哥来询问这事，说：『你们是有了反叛的意图吗？修缮作战的装备，整饬城堡营盘，做这些事是为了抵御谁？』阿骨打答复他说：『设备险隘守护自己，又有什么可责问的。』辽朝又派阿息保来责问阿骨打。阿骨打对他说：『我们是小国，侍奉大国不敢废除礼仪。大国不施行德政恩泽，而且容纳包庇叛逃的人，像这样的姑息豢养小人的行为，能没有企图吗？如果把阿疏交给我们，我们仍然侍奉朝贡。假如擒获不了逃贼，难道能束手接受管制吗？』阿息保回去，辽人才开始准备，命令统军萧达不野往宁江州调集各部军队。

太祖闻之，使仆聒刺复索①阿疏，实观其形势。仆聒刺还言：『辽兵多，不知其数。』太祖曰：『彼初调兵，岂能遽集②如此。』复遣胡沙保往，还言：『惟四院统军司与宁江州军及渤海八百人耳。』太祖曰：『果如吾言。』

谓诸将佐曰：『辽人知我将举兵，集诸路军备我，我必先发制之，无为人制。』众皆曰：『善。』乃入见宣靖皇后，告以伐辽事。后曰：『汝嗣父兄立邦家，见可则行。吾老矣，无贻③我忧，汝必不至是也。』太祖感泣，奉觞为寿。即奉后率诸将出门，举觞东向，以辽人荒肆，不归阿疏，并已用兵之意，祷于皇天后土。酹毕，后命太祖正坐，与僚属会酒，号令诸部。使婆卢火征移懒、路迪古乃兵，斡鲁古、阿鲁抚谕斡忽、急赛两路系辽籍女直，实不迭往完睹路执辽障鹰官达鲁古部副使辞列、宁江州渤海大家奴。于是达鲁古部实里馆来告曰：『闻举兵伐辽，我部谁从？』太祖曰：『吾兵虽少，旧国④也，与汝邻境，固当从我。若畏辽人，自往就之。』

九月，太祖进军宁江州，次寥晦城。婆卢火征兵后期⑤，杖之，复遣督军。诸路兵皆会于来流水，得二千五百人。致辽之罪，申告于天地曰：『世事辽国，恪修职贡⑥，定乌春、窝谋罕之乱，破萧海里之众，有功不省，而侵侮是加。罪人阿疏，屡请不遣。今将问罪于辽，天地其鉴佑之。』遂命诸将传梃而誓曰：『汝等同心尽力，有功者，奴婢部曲为良，庶人官之，先有官者叙进⑦，轻重视功。苟违誓言，身死梃下，家属无赦。』师次唐括带斡甲之地，诸军禳射，介而立，有光如烈火，起于人足及戈矛之上，人以为兵祥。明日，次扎只水，光见如初⑧。

注释 ①复索：即再去索要。②遽集：即聚集。③无贻：不必之意。④旧国：旧时国君之后。⑤后期：拖延了期限。⑥恪修职贡：恭敬地整治职方贡物。⑦叙进：按顺序晋级。⑧光见如初：出现的光像当初发出的一样。

译文 太祖听说辽国备战的消息，派遣仆聒剌再去索要阿疏，实际任务是去观察辽国的形势。仆聒剌回来说：『辽国军队人多，不知道他们的具体数目。』太祖说：『他们刚开始调动军队，哪里能聚集这么多人。』又派遣胡沙保前往辽国打探。胡沙保回来说：『只有四院统军司和宁江州的军队以及渤海军共八百人而已。』太祖说：『果然像我所说的。』又对各位副将说：『辽人知道了我们将要举兵，调集诸路军队防备我们，我们必须先发制人，不要被人家先制。』众人都说：『好！』于是太祖入内堂拜见母亲，把将征伐辽朝的事告诉她。其母说：『你继承父兄的事业建立国家，认为可以做就去进行。我老了，不要担心我，你不一定总是要这样来看我。』太祖感动涕泣，举起酒杯祝她长寿。就侍奉母亲率领诸将出门，举起酒杯向东，用辽人荒淫放肆不归还阿疏，以及自己举兵的用意祈神求福于皇天后土。祭奠完毕，皇后命令太祖端正坐好，和部下干杯，向诸部首领发号施令。太祖派婆卢火去征集移懒路迪古乃的兵士，斡鲁古、阿鲁去安抚斡忽、急赛两路属于辽国籍的将至辽界，先使宗干督士卒夷堑。既度①，遇渤海军攻我左翼七谋克，众少却②，敌兵直犯中军。斜也出战，哲垤先驱。太祖曰：『战不可易也。』遣宗干止之。宗干驰出斜也前，控止哲垤马，斜也遂与俱还。敌人从之，耶律谢十坠马，辽人前救。太祖射救者毙，并射谢十中之。有骑突前，又射之，彻扎洞胸③。谢十拔箭走，追射之，中其背，饮矢之半④，偾而死。获所乘马。宗干与数骑陷辽军中，太祖救之，免胄战。或自傍射之，矢拂于颡。太祖顾见射者，一矢而毙。谓将士曰：『尽敌而止。』众从之，勇气自倍。敌大奔，相蹂践⑤死者十七八。撒改在别路，不及会战，使人以战胜告之，而以谢十马赐之。撒改使其子宗翰、完颜希尹来贺，且称帝，因劝进。太祖曰：『一战而胜，遂称大号，何示人浅也。』

进军宁江州，诸军填堑⑥攻城。宁江人自东门出，温迪痕、阿徒罕邀击，尽殪⑦之。十月朔，克其城，获防御使大药师奴，阴纵之，使招谕辽人。铁骊部来送款。次⑧来流城，以俘获赐将士。召渤海梁福、斡荅刺使之伪亡去，招谕其乡人曰：『女直、渤海本同一家，我兴师伐罪，不滥及无辜也。』使完颜娄室招谕系辽籍女直。

注释 ①度：越过之意。②少却：稍微退却。③彻扎洞胸：箭将胸背穿透一个洞。④饮矢之半：箭有一半扎入他

女真人，实不迭前往完睹路去逮捕辽国障鹰官达鲁古部的副使辞列、宁江州渤海的大家奴。于是达鲁古部的实里馆来报告说：『听说要举兵伐辽，我部要跟随谁呢？』太祖说：『我的兵虽说少，但都是旧时国君的后代，和你们边境相邻，你们本来就应当跟随我。如果惧怕辽人，你们自己前去投奔他们！』

九月，太祖向宁江州进军，到寥晦城。婆卢火征兵拖延了期限，被打了军棍，又被派遣为督军。各路人马会集在来流水，共有两千五百人。太祖罗列辽的罪行，向天地申明禀报：『世代侍奉辽国，谨慎、恭敬，按时进贡，平定乌春、窝谋罕的叛乱，打败萧海里纠结的乌合之众。有功劳不省察，反而侵犯侮辱不断增加。罪人阿疏逃到辽国，屡次请求交还却始终不遣送。今天，将向辽国问罪，皇天后土明察并保佑我们。』继而命令诸将传递梃杖而宣誓说：『你们这些人同心尽力，有功的人，是奴婢、部曲的转为平民，是平民的授予官职，原来已有官职的按顺序晋级，晋级大小根据功劳大小而定。假如违背誓言，身死梃杖之下，家属不赦免。』军队到唐括带斡甲这个地方，各军队射箭来祈祷消灾，兵士们有间隔地站立着，突然从他们的脚上和戈矛上发出像烈火似的光，人们认为这是出兵吉祥的象征。第二天，军队行进到扎只水，出现烈火似的光和头一天一样。

的体内。⑤相蹂践：相互蹂躏践踏。⑥填堑：填平堑沟。⑦殪：杀死。⑧次：驻军。

譯文 快到辽国边界的时候，太宗先派宗干监督士卒填平界沟。度过界沟后，遇到辽国渤海的军队攻击我军左翼部队七谋克，众人稍有退却，敌军直向中军进犯。斜也出战，哲垤却驱马先行。太祖说：『交战的时候不可以变换位置。』派遣宗干去阻止他们。宗干纵马驰在斜也前面，控制制止哲垤的马，斜也于是和宗干、哲垤一起回来。敌人跟了上来，耶律谢十掉下马来，辽人上前救助他，太祖射死了去救耶律谢十的人，同时还射中了耶律谢十。辽军中有骑马冲在前面的，太祖又瞄准了射他，箭穿透了那个人的胸膛。谢十拔出箭逃跑，太祖又追射一箭，射中了谢十的后背，箭扎进一半，谢十仆倒在地而死，缴获了他所乘的战马。宗干和数名骑兵陷在辽军当中，太祖营救他们，摘去头盔作战。有时敌人的箭就从他旁边射来，箭头擦着他额头而过。太祖扭头看见射箭的人，一箭射去，那人就中箭身亡。太祖对将士说：『杀尽敌人才能停战！』众人跟随他，勇气倍增。敌人大量奔走逃命，自相践踏而死的十有七八。撒改处在其他路上，没有赶上会战，阿骨打派人把打胜仗的消息告诉他，而且把耶律谢十的坐骑赏赐给他。撒改派他的儿子完颜宗翰、完颜希尹来祝贺阿骨打，并且称阿骨打为帝，因而劝说阿骨打即皇帝位。阿骨打说：『一次战斗胜利，就称皇帝大号，让人看这是多么浅薄！』

阿骨打进军宁江州，诸军填平护城河，攻城。宁江城中人从东门出来，温迪痕、阿徒罕拦击了他们，全部致他们于死地。十月初，攻克了宁江州城，擒获了防御使大药师奴，暗中又把他放了，让他去招抚辽人。铁骊部来归顺。大军到达来流城，把俘获的战利品赐给将士。召集渤海的梁福、斡苔剌让他们假装逃走，招抚告谕他们家乡的人说：『女真和渤海本来同是一家人，我们兴兵只是讨伐罪人，不会滥杀殃及无辜的百姓。』派完颜娄室去招抚原来是辽国国籍的女真族人。

师还，谒宣靖皇后，以所获颁宗室耆老，以实里馆赀产给将士。初命①诸路以三百户为谋克，十谋克为猛安。酬斡等抚定逸谋水女直。鳖古酋长胡苏鲁以城降。

十一月，辽都统萧纥里、副都统挞不野将步骑十万会于鸭子河北。太祖自将击之。未至鸭子河，既夜，太祖方就枕，若有扶其首者三②，寤而起，曰：『神明警我也。』即鸣鼓举燧③而行。黎时及河，辽兵方坏凌道，选壮士十辈击走之。大军继进，遂登岸。甲士三千七百，至者才三之一。俄与敌遇于出河店，会大风起，尘埃蔽天，乘风势击之，辽兵溃。逐至斡论泺，杀获首虏及车马甲兵珍玩不可胜计，遍赐官属将士，燕犒弥日④。辽人尝言女直兵若满万

则不可敌，至是始满万云。

斡鲁古败辽兵，斩其节度使挞不野。仆虺等攻宾州，拔⑤之。兀惹雏鹘室来降。辽将赤狗儿战于宾州，仆虺、浑黜败之。铁骊王回离保以所部降。吾睹补、蒲察复败赤狗儿、萧乙薛军于祥州东。斡忽、急塞两路降。斡鲁古败辽军于咸州西，斩统军实娄于阵。完颜娄室克咸州。

是月，吴乞买、撒改、辞不失率官属诸将劝进，愿以新岁元⑥日恭上尊号。太祖不许。阿离合懑、蒲家奴、宗翰等进曰：『今大功已建，若不称号，无以系天下心。』太祖曰：『吾将思之。』

注释 ①初命：开始编制。②若有扶其首者三：好像有人多次扶他的头。③燧：举火把。④燕犒弥日：饮宴犒赏一整天。⑤拔：攻打。⑥新岁元：新一年的元月元日。

译文 大军回还，太祖拜见宣靖皇后，拿所缴获的战利品颁发给宗室老者，把实里馆的资产分给将士。起初命令诸路军队以三百户为一谋克，十谋克为一猛安。酬斡等人安抚平定诡谋水女真族。鳖古的酋长胡苏鲁献出城池投降。

十一月，辽国都统萧纠里、副都统挞不野指挥步兵和骑兵共十万人会集在鸭子河北岸。太祖亲自率领军队去攻击他们。没到鸭子河，天就黑了，太祖刚要躺下睡觉，好像有三个人扶着他的头，太祖忽然领悟到了什么，赶忙起来，说：『神明在警告我啊！』就命令敲响战鼓、举起火把向前进军。黎明时大军到了鸭子河边，辽兵刚要毁坏冰凌道，太祖选壮士十队打跑了他们。大军继续前进，不久登岸。披甲的战士三千七百人，登上对岸的仅剩三分之一。不久与辽军在出河店相遇，正赶上大风骤起，卷起的尘埃遮蔽了天空，阿骨打军乘着风势攻击辽军，辽军大败溃散。追敌到斡论泺，杀死敌人、擒获俘虏以及缴获车马、甲胄、兵器、珍玩不计其数。太祖将这些战利品赏赐下属官员将士，设宴犒劳大军整整一天。辽人曾经说女真兵如果达到一万人则不可抵挡，到现在女真军队开始达到一万人了。

斡鲁古战败辽军，将其节度使挞不野斩首。仆虺等人率军攻打宾州，占领宾州。兀惹的雏鹘室来投降。辽将赤狗儿攻打宾州，仆虺、浑黜打败了他。铁骊王回离保率他的部属来投降。吾睹补、蒲察又在祥州东打败赤狗儿、萧乙薛的军队，斡忽、急塞两路军队投降。斡鲁古在咸州西打败了辽军，在阵前斩了辽国统军实娄，完颜娄室攻克咸州。

当月，吴乞买、撒改、辞不失率领官员及诸将领向太祖劝进，表示愿意在新岁元旦那天奉上尊号。阿骨打不准许。阿离合懑、蒲家奴、宗翰等人进言说：『现在已建立了大功业，如果不称帝号，就不能维系天下人心。』阿骨打说：『我将考虑这问题。』

收国元年正月壬申朔，群臣奉上尊号。是日，即皇帝位。上曰：『辽以宾铁为号，取①其坚也。宾铁虽坚，终亦变坏，惟金不变不坏。金之色白，完颜部色尚白。』于是国号大金，改元收国。

注释 ①取：采取之意。

譯文 收国元年（一一一五）正月初一，群臣尊奉太祖为皇帝称号。当天，太祖即皇帝位。太祖皇帝说：『辽国用镔铁为国号，取它坚实的意思。镔铁虽然坚固，最终也变坏了，只有金子不变不坏。金的颜色是白的，因此完颜部族崇尚白色。』于是定国号大金，改开国年号为收国。

赞曰：太祖英谟睿略①，豁达大度，知人善任，人乐为用。世祖阴有取辽之志，是以兄弟相授，传及康宗，遂及太祖。临终以太祖属穆宗，其素志②盖如是也。初定东京，即除去辽法，减省租税，用本国制度。辽主播越，宋纳岁币，以幽、蓟、武、朔等州与宋，而置南京于平州。宋人终不能守燕、代，卒之辽主见获，宋主被执。虽功成于天会间，而规摹③运为实自此始。金有天下百十有九年，太祖数年之间算无遗策，兵无留行，底定大业，传之子孙。呜呼，雄哉。

注释 ①英谟睿略：即谋划杰出韬略睿智。②素志：长时期以来的志向。③规摹：制度程式

譯文 史臣赞说：太祖具有杰出的计谋，高明的韬略，豁达大度，知人善任，人人都乐于为他效用。劾里钵就暗中有夺取辽国的志向，所以以兄弟相继承，传给乌雅束，于是再传给太祖。劾里钵临终时把阿骨打托付给盈歌，他长时期以来的志向也就是这样的。阿骨打刚平定东京，就废除了辽国法令，减免租税，采用本国的制度。辽主天祚帝流亡，宋朝每年贡纳钱币，把幽、蓟、武、朔等州交与宋朝，而在平州设置南京。宋人最终不能守住燕、代之地，其结果是辽主天祚帝被擒获，宋主徽、钦二帝被拘押至北国。虽然成功在天会年间，然而其制度实际是从太祖开始运作的。金国有天下一百一十九年，太祖数年之间计谋没有失算，军队没有在行进中受阻滞或停滞不前，终于成就大业，将天下传给子孙。啊，真是英雄。

元史

二十四史精华

明·宋濂等著

耶律楚材传

耶律楚材，字晋卿，辽东丹王突欲八世孙。父履，以学行事金世宗，特见亲任，终尚书右丞。楚材生三岁而孤，母杨氏教之学。及长，博极群书，旁通天文、地理、律历、术数及释老、医卜之说，下笔为文，若宿构者①。金制，宰相子例试补省掾。楚材欲试进士科，章宗诏如旧制。问以疑狱数事，时同试者十七人，楚材所对独优，遂辟为掾。后仕为开州同知。贞祐二年，宣宗迁汴，完颜福兴行尚书事，留守燕，辟为左右司员外郎。太祖定燕，闻其名，召见之。楚材身长八尺，美髯宏声②。帝伟之，曰：『辽、金世仇，朕为汝雪之。』对曰：『臣父祖尝委质事之，既为之臣，敢仇君耶③！』帝重其言，处之左右，遂呼楚材曰吾图撒合里而不名，吾图撒合里，盖国语长髯人也。

注释 ①若宿构者：仿佛早已做好似的。②美髯宏声：美髯，指胡须很漂亮；宏声，指声音很洪亮。③臣父祖尝委质事之，既为之臣，敢仇君耶：我的祖先曾经委身侍奉金朝，既然已经做了臣民，怎敢对自己的君主充满仇恨呢？

译文 耶律楚材，字晋卿，辽朝东丹王耶律突欲的八世孙。父亲耶律履，因学问品行出众得以奉事金世宗，特别受到亲近和信任，去世时官至尚书右丞。楚材三岁时父亲去世，母亲杨氏教他读书。长大后，博览群书，兼通天文、地理、律历、术数以及佛、道、医、卜等学问，下笔写文章，好像早就做好似的。金朝制度，宰相之子可以按惯例通过考试担任尚书省属官。耶律楚材想参加进士科考试，章宗诏令按原有的制度办。考官用几个疑难案件进行提问，当时一起参加考试的有十七个人，唯独楚材的回答特别好，于是被征召为尚书省属官。此后又担任过开州同知。贞祐二年，金宣宗迁都汴梁，完颜福兴为行尚书省事，留守燕京，征召耶律楚材为左右司员外郎。太祖成吉思汗攻取燕京，听说了楚材的名字，于是召见他。耶律楚材身高八尺，胡须漂亮，声音宏亮，太祖很看重他，说：『辽国和金国是世代的仇敌，我会为你报仇雪恨。』楚材回答说：『我的父亲和祖父都曾委身奉事金朝，既然做了金朝的臣民，怎敢仇恨自己的君主呢？』太祖很敬重他这番话，把他安排在自己身边，于是称呼楚材为『吾图撒合里』而不叫他的名字，『吾图撒合里』，在蒙语中的意思是胡须很长的人。

己卯夏六月，帝西讨回回国。祃旗之日，雨雪三尺，帝疑之，楚材曰：『玄冥之气，见于盛夏，克敌之征也①。』庚辰冬，大雷，复问之，对曰：『回回国主当死于野。』后皆验。夏人常八斤，以善造弓见知于帝，因每自矜曰：『国家方用武，耶律儒者何用。』楚材曰：『治弓尚须用弓匠，为天下者岂可不用治天下匠耶？』帝闻之甚喜，日见亲用。西域历人奏五月望夜月当蚀，楚材曰：『否。』卒不蚀②。明年十月，楚材言月当蚀，西域人曰不蚀，至期果蚀八分。壬午八月，长星见西方，楚材曰：『女直将易主矣。』明年，金宣宗果死。帝每征讨，必命楚材卜，帝亦自灼羊胛，以相符应。指楚材谓太宗曰：『此人天赐我家。尔后军国庶政，当悉委之。』甲申，帝至东印度，驻铁门关，有一角兽，形如鹿而马尾，其色绿，作人言，谓侍卫者曰：『汝主宜早还。』帝以问楚材，对曰：『此瑞兽也，其名角端，能言四方语，好生恶杀，此天降符以告陛下。陛下天之元子，天下之人，皆陛下之子，愿承天心，以全民命。』帝即日班师。

丙戌冬，从下灵武，诸将争取子女金帛，楚材独收遗书及大黄药材。既而士卒病疫，得大黄辄愈。帝自经营西土，未暇定制，州郡长吏，生杀任情，至孥人妻女，取货财，兼土田。燕蓟留后长官石抹咸得卜尤贪暴，杀人盈市。楚材闻之泣下，即入奏，请禁州郡，非奉玺书，不得擅征发，囚当大辟者必待报，违者罪死，于是贪暴之风稍戢。燕多剧贼，未夕，辄曳牛车指富家，取其财物，不与则杀之。时睿宗以皇子监国，事闻，遣中使偕楚材往穷治之。楚材询察得其姓名，皆留后亲属及势家子，尽捕下狱。其家赂中使，将缓之，楚材示以祸福，中使惧，从其言，狱具，戮十六人于市，燕民始安。

注释 ①玄冥之气，见于盛夏，克敌之征也：盛夏的季节出现水汽，这是要打胜仗的征兆。②卒不蚀：果然没有月食现象出现。

译文 己卯年夏六月，太祖向西讨伐回回国。祭旗的那一天，雪下了有三尺厚，太祖心中疑惑，耶律楚材说：『盛夏季节出现水汽，这是战胜敌人的预兆。』庚辰年冬天，雷声很大，太祖又问他，他回答说：『回回国王将死在野外。』以后这些话都灵验了。西夏人常八斤，因为善于制造弓箭，得到太祖的赏识，所以经常自夸道：『国家正在兴兵打仗，耶律楚材这个书生有什么用！』楚材说：『造弓尚且要用弓匠，取天下的人怎能不用治理天下的工匠呢？』太祖听到后十分高兴，越来越信任和重用他。西域懂得历法的人上奏说五月十五日晚将出现月蚀。楚材说：『不对。』果然没有出现月蚀。第二年十月，耶律楚材说将有月蚀，西域人说没有，到时果然月蚀八分。壬午年八月，彗星出现在西方，楚材说：『女真将改换皇帝了。』第二年，金宣宗果然去世。太祖每次出师征讨，必定要让耶律楚材占卜吉凶，太祖自己也炙烧羊胛骨，判断天意和人事是否

相符。他指着楚材对太宗说：『这个人是上天赐给我家的。以后军国大事都要交给他处理。』甲申年，太祖到达东印度，驻扎在铁门关，有一只头上长角的野兽，形状像鹿却长着马的尾巴，绿颜色，会讲人话，对侍卫说：『你的主人应早点回去。』太祖向耶律楚材询问这件事，楚材回答说：『这是吉祥的动物，名叫角端，能说各个地方的语言，喜欢生灵而厌恶杀戮，这是上天降下符瑞以告诫陛下。陛下是上天的大儿子，天下的人都是陛下的子女，希望陛下顺应上天的心意，保全百姓的生命。』太祖当天就班师回去了。

丙戌年冬天，跟随太祖攻克灵武，将领们都争着掠取子女金帛，唯独耶律楚材专门收集失落的书籍和大黄等药材。不久士兵们染上疫病，用大黄一治就好了。太祖亲自经营西方的疆土，来不及制定有关制度。州郡长官，任意生杀，甚至把老百姓的妻子强迫变为奴隶，掠夺财物，兼并土地。燕蓟留后长官石抹咸得卜尤其贪婪暴虐，杀人满市。楚材听说后流下眼泪，随即向太祖上奏，请求向各州郡发布禁令，如果没有皇帝的圣旨，不得随便向百姓征税调役，囚犯应处死刑的必须上报，违反者处以死罪，于是贪暴的风气有所收敛。燕京一带有许多厉害的盗贼，光天化日之下就拉着牛车到富人家索取财物，不给就杀人。当时睿宗拖雷以皇子的身份监理国事，听说这些情况，便派遣宫中使臣和耶律楚材一起前去严厉查办。楚材查问到盗贼的姓名，都是留后长官的亲属和有权势人家的子弟，将他们全部逮捕入狱。盗贼的家里贿赂宫中使臣，使臣企图拖延处理，楚材向他讲明这样做将带来的后果，使臣惧怕，听从了耶律楚材的意见，定案后，在集市上处死十六人，燕京的百姓才安定下来。

己丑秋，太宗将即位，宗亲咸会，议犹未决。时睿宗为太宗亲弟，故楚材言于睿宗曰：『此宗社大计，宜早定。』睿宗曰：『事犹未集，别择日可乎①？』楚材曰：『过是无吉日矣。』遂定策，立仪制，乃告亲王察合台曰：『王虽兄，位则臣也，礼当拜。王拜，则莫敢不拜。』王深然之。及即位，王率皇族及臣僚拜帐下。既退，王抚楚材曰：『真社稷臣也。』国朝尊属有拜礼自此始。时朝集后期应死者众，楚材奏曰：『陛下新即位，宜宥之②。』太宗从之。

中原甫定，民多误触禁网③，而国法无赦令。楚材议请肆宥，众以为迂④，楚材独从容为帝言。诏自庚寅正月朔日前事勿治。且条便宜一十八事颁天下，其略言：『郡宜置长吏牧民，设万户总军，使势均力敌，以遏骄横。中原之地，财用所出，宜存恤其民，州县非奉上命，敢擅行科差者罪之。贸易借贷官物者罪之。蒙古、回鹘、河西诸人，种地不纳税者死。监主自盗官物者死。应犯死罪者，具由申奏待报，然后行刑。贡献礼物，为害非轻，深宜禁断。』帝悉从之，唯贡献一事不允，曰：『彼自愿馈献者，宜听之。』楚材曰：『蠹害之端，必由于此⑤。』帝曰：『凡卿所奏，无不从者，卿不能从朕一事耶？』

太祖之世，岁有事西域，未暇经理中原，官吏多聚敛自私，赀至巨万，而官无储偫。近臣别迭等言：『汉人无补于国，可悉空其人以为牧地。』楚材曰：『陛下将南伐，军需宜有所资，诚均定中原地税、商税、盐、酒、铁冶、山泽之利，岁可得银五十万两、帛八万匹、粟四十余万石，足以供给，何谓无补哉？』帝曰：『卿试为朕行之。』乃奏立燕京等十路征收课税使，凡长贰悉用士人，如陈时可、赵昉等，皆宽厚长者，极天下之选，参佐皆用省部旧人。辛卯秋，帝至云中，十路咸进廪籍及金帛陈于廷中，帝笑谓楚材曰：『汝不去朕左右，而能使国用充足，南国之臣，复有如卿者乎？』对曰：『在彼者皆贤于臣，臣不才，故留燕，为陛下用。』帝嘉其谦，赐之酒。即日拜中书令，事无巨细，皆先白之。

注释 ①事犹未集，别择日可乎：事情还没有完成，换个日子怎么样。②宜宥之：应该将他们赦免。③中原甫定，民多误触禁网：中原战火刚刚平息，很多老百姓触犯了法律。④众以为迂：众人都觉得很不切实际。⑤蠹害之端，必由于此：腐朽败坏的祸端，必定是从这里开始的。

译文 己丑年秋天，太宗将要即位，宗室皇亲都聚集在一起，讨论但还没有做出决定。当时睿宗拖雷是太宗窝阔台的亲弟弟，所以耶律楚材对睿宗说：『这是宗庙社稷的大事，应该尽早确定。』睿宗说：『事情还没有完结，另外选个日子怎么样？』楚材说：『过了今天就没有吉日了。』于是确定下来，耶律楚材建立礼仪制度，进而对亲王察合台说：『亲王虽然是兄长，但地位则是臣子，按礼节应当跪拜皇上。您跪拜了，那么就没人敢不拜了。』察合台很赞同他的意见。等到太宗即位，察合台率领全体皇族成员和大臣们在宫帐下跪拜。礼毕退下，察合台手抚着耶律楚材说：『您真是安邦定国的大臣啊！』蒙古国君臣间有跪拜之礼从这时候开始。当时朝会迟到应处死刑的人很多，楚材上奏道：『陛下刚刚即位，应该赦免他们。』太宗听从了他的意见。

中原刚刚平定，老百姓误犯法律的人很多，而国家法令中没有赦免的说法。耶律楚材请求对他们宽大处理，众人都认为不切实际，唯独楚材严肃地向皇帝建议。皇帝发布诏令，凡是庚寅年正月初一以前犯的事情都不予追究。他还拟订了十八项应办的事情，建议颁行天下。大致是说：『州郡要设置长官以管理百姓，设置万户以统率军队，使文、武双方势均力敌，

以防止骄横的作风。中原地区，是国家财富的来源，应该保存和照顾这里的百姓，州县如果没有上司的命令，胆敢擅自科征赋税的要判罪。借贷官府财物做买卖的，也要判罪。蒙古、回鹘、河西等地的人，种地不交税的要处以死刑。负责管理的官员自己盗窃官府财物的也要处死。凡是犯死罪的，要将理由上奏朝廷等待批复，然后行刑。各地上进和进献礼物，为害不小，必须严禁。』太宗全部同意，只有禁止贡献礼物这件事不答应，说：『那些自愿进献的，应该允许。』楚材说：『腐败的祸端，必然从这里开始。』太宗说：『凡是你奏请的事情，我没有一件不答应，你难道不能顺从我一件事吗？』

太祖在世的时候，每年都要用兵西域，没有时间来经营治理中原，很多官吏都聚敛财物为自己打算，家中财物多得不得了，而官府却没有什么储备。近臣别迭等人说：『汉人对国家没什么用处，可以把他们的土地全部空出来做牧场。』耶律楚材说：『陛下即将向南征伐，军需物资要有来源，如果能均衡地确定中原地区的田税、商税以及盐、酒、铁冶和山林河湖等业的赋税，每年可以得到五十万两白银、八万匹绢帛和四十多万石粟子，足以供给军队需要，怎能说没什么用处呢？』太宗说：『你为我试着办。』于是奏请设立燕京等十路征收课税使，凡正、副长官都任用读书人，如陈时可、赵昉等都是宽厚长者、天下第一流的人物，属官都用金朝尚书省六部的原班人员。辛卯年秋天，太宗来到云中，十路都送来储存粮食的簿册和黄金、绢帛，陈列在庭院中，太宗笑着对楚材说：『你没有离开过我的身边，却能使国家经费充裕，南方金国还有像你这样的大臣吗？』楚材回答说：『在那里的人都比我贤明能干，我没什么本事，所以才留在燕京，为陛下所用。』太宗赞赏他的谦虚，赐酒给他。当即任命他为中书令，事无大小，都要先跟他通报商议。

楚材奏：『凡州郡宜令长吏专理民事，万户总军政，凡所掌课税，权贵不得侵之。』又举镇海、粘合，均与之同事，权贵不能平。咸得卜以旧怨，尤疾之，谮于宗王曰：『耶律中书令率用亲旧，必有二心，宜奏杀之。』宗王遣使以闻，帝察其诬，责使者，罢遣之。属有讼咸得卜不法者，帝命楚材鞫之，奏曰：『此人倨傲，故易招谤。今将有事南方，他日治之未晚也。』帝私谓侍臣曰：『楚材不较私仇，真宽厚长者，汝曹当效之。』中贵可思不花奏采金银役夫及种田西域与栽蒲萄户，帝令于西京宣德徙万余户充之。楚材曰：『先帝遗诏，山后民质朴，无异国人，缓急可用，不宜轻动。今将征河南，请无残民以给此役。』帝可其奏①。

壬辰春，帝南征，将涉河②，诏逃难之民，来降者

免死。或曰：『此辈急则降，缓则走，徒以资敌，不可宥。』楚材请制旗数百，以给降民，使归田里，全活甚众。旧制，凡攻城邑，敌以矢石相加者，即为拒命，既克，必杀之。汴梁将下，大将速不台遣使来言：『金人抗拒持久，师多死伤，城下之日，宜屠之。』楚材驰入奏曰：『将士暴露数十年，所欲者土地人民耳。得地无民，将焉用之！』帝犹豫未决，楚材曰：『奇巧之工，厚藏之家，皆萃于此，若尽杀之，将无所获。』帝然之，诏罪止完颜氏，余皆勿问。时避兵居汴者得百四十七万人。楚材又请遣人入城，求孔子后，得五十一代孙元措，奏袭封衍圣公，付以林庙地。命收太常礼乐生，及召名儒梁陟、王万庆、赵著等，使直释九经，进讲东宫。又率大臣子孙，执经解义，俾知圣人之道。置编修所于燕京、经籍所于平阳，由是文治兴焉③。

时河南初破，俘获甚众，军还，逃者十七八。有旨：居停逃民及资给者，灭其家，乡社亦连坐。由是逃者莫敢舍，多殍死道路。楚材从容进曰：『河南既平，民皆陛下赤子，走复何之！奈何因一俘囚，连死数十百人乎？』帝悟，命除其禁。金之亡也，唯秦、巩二十余州久未下，楚材奏曰：『往年吾民逃罪，或萃于此，故以死拒战，若许以不杀，将不攻自下矣。』诏下，诸城皆降。甲午，议籍中原民，大臣忽都虎等议，以丁为户。楚材曰：『不可。丁逃，则赋无所出，当以户定之。』争之再三，卒以户定。时将相大臣有所驱获，往往寄留诸郡，楚材因括户口，并令为民，匿占者死。乙未，朝议将四征不廷，若遣回回人征江南，汉人征西域，深得制御之术，楚材曰：『不可。中原、西域，相去辽远，未至敌境，人马疲乏，兼水土异宜，疾疫将生，宜各从其便。』从之。

丙申春，诸王大集，帝亲执觞赐楚材曰：『朕之所以推诚任卿者，先帝之命也。非卿，则中原无今日。朕所以得安枕者，卿之力也。』西域诸国及宋、高丽使者来朝，语多不实，帝指楚材示之曰：『汝国有如此人乎？』皆谢曰：『无有。殆神人也。』帝曰：『汝等唯此言不妄，朕亦度必无此人。』有于元者，奏行交钞，楚材曰：『金章宗时初行交钞，与钱通行，有司以出钞为利，收钞为讳，谓之老钞，至以万贯唯易一饼。民力困竭，国用匮乏，当为鉴戒。今印造交钞，宜不过万锭。』从之。

秋七月，忽都虎以民籍至，帝议裂州县赐亲王功臣。楚材曰：『裂土分民，易生嫌隙，不如多以金帛与之。』帝曰：『已许奈何？』楚材曰：『若朝廷置吏，收其贡赋，岁终颁之，使毋擅科征，可也。』帝然其计，遂定天下赋税，每二户出丝一斤，以给国用；五户出丝一斤，

以给诸王功臣汤沐之资。地税，中田每亩二升又半，上田三升，下田二升，水田每亩五升；商税，三十分而一；盐价，银一两四十斤。既定常赋，朝议以为太轻，楚材曰：『作法于凉，其弊犹贪，后将有以利进者，则今已重矣。』时工匠制造，糜费官物，十私八九，楚材请皆考核之，以为定制。时侍臣脱欢奏简天下室女，诏下，楚材尼之不行，帝怒。楚材进曰：『向择美女二十有八人，足备使令。今复选拔，臣恐扰民，欲覆奏耳。』帝良久曰：『可罢之。』又欲收民牝马，楚材曰：『田蚕之地，非马所产，今若行之，后必为人害。』又从之。丁酉，楚材奏曰：『制器者必用良工，守成者必用儒臣。儒臣之事业，非积数十年，殆未易成也。』帝曰：『果尔，可官其人。』楚材曰：『请校试之。』乃命宣德州宣课使刘中随郡考试，以经义、词赋、论分为三科，儒人被俘为奴者，亦令就试，其主匿弗遣者死。得士凡四千三十人，免为奴者四之一。先是，州郡长吏，多借贾人银以偿官，息累数倍，曰羊羔儿利，至奴其妻子犹不足偿。楚材奏令本利相侔而止，永为定制，民间所负者，官为代价之。至一衡量，给符印，立钞法，定均输，布递传，明驿券，庶政略备，民稍苏息焉。

注释 ①奏：请求。②将涉河：将要渡过黄河。③由是文治兴焉：文明教化由此开始兴盛起来。

译文 耶律楚材上奏：『凡是地方州郡应该让行政长官专门管理民事，万户统管军政，凡是地方所掌管的征收赋税的事务，权贵不能干预。』又推荐镇海、粘合两人，与他共同工作，权贵都不服气。咸得卜因为过去跟耶律楚材有仇，尤其忌恨他，在宗王面前诬陷道：『耶律中书令专门任用自己的亲信故旧，必定怀有叛逆之心，应该奏请皇上杀掉他。』宗王派人告诉皇帝，太宗觉察到这是诬陷，就斥责了来人，把他打发回去。接着有人控告咸得卜有犯法行为，太宗命楚材审理此事，耶律楚材上奏说：『此人骄傲自大，因而容易招来别人的攻击。现在正要对南方用兵，以后再做处理也不晚。』太宗私下对侍臣说：『楚材不计较私仇，真是宽厚长者，你们应当效法他。』宫中显贵可思不花奏请召募采金银的役夫以及到西域种田、栽葡萄的人户，太宗下令在西京宣德迁移一万多户来充当。楚材说：『先帝遗诏中说，山后的百姓质朴，和蒙古人没有区别，遇到危难时可以利用，不应轻易迁移他们。如今即将征讨河南，请不要分散山后百姓，以便在这次军事行动中使用他们。』太宗同意了他的请求。

壬辰年春天，太宗南下征讨，将要渡黄河，诏令逃难的百姓，前来投降的可以免死。有人说：『这些人危急的时候就投降，没事的时候就逃走，只对敌人有好处，不能宽大处理。』

耶律楚材请求制作几百面旗子，发给投降的难民，让他们返回乡里，很多人因此得以保全性命。按照蒙古传统的制度，凡是攻打城池，敌人用弓箭和石块袭击的，就是违抗命令，攻克之后，必定将城中军民全部杀死。汴梁将要攻下，大将速不台派人来说：『金人抗拒了很长时间，我军死伤很多，汴梁攻克之日，应该屠城。』耶律楚材急忙进去上奏道：『将士们辛苦了几十年，想要得到的不过是土地和人民。得到了土地而失去了人民，又有什么用呢？』太宗犹豫不决，楚材又说：『能工巧匠，富裕人家，都集中在这里，如果将他们全部杀死，将会一无所获。』太宗接受了他的意见，下诏只处罚完颜氏一族，其余都不追究。当时躲避打仗而住在汴梁的有一百四十七万人。

耶律楚材又请求派人进城，寻找孔子的后代，找到孔子的五十一代孙孔元措，奏请由他继承『衍圣公』的封号，将孔林、孔庙的土地交付给他，命令他收集金朝的太常礼乐生。又征召著名的儒生梁陟、王万庆、赵著等人，让他们将『九经』译成口语，讲给太子听。又率领大臣们的子孙，拿着经书讲解其中的含义，使他们知道圣人的学说。在燕京设置编修所，在平阳设置经籍所，从此文明教化开始兴盛。

当时河南地区刚刚攻下，俘虏很多，蒙军返回，俘虏逃跑的有十分之七八。皇帝下令：凡是收留和资助逃亡者的，处死全家，同村邻里也要连坐。因此，逃亡者没有人敢收留，大多饿死在路上。耶律楚材平心静气地对太宗说：『河南已经平定，这里的百姓都是陛下的儿女，还会走到哪里去呢！何必因为一个俘虏，而使几十个上百个人牵连受死呢？』太宗醒悟，下诏解除了这个禁令。金朝灭亡后，只有秦、巩等二十多个州很久都没有来投降，楚材上奏道：『过去我们的百姓逃避罪罚，有的集中在这些地方，所以拼死抵抗，如果答应不杀他们，将不攻自破。』赦免死罪的诏令一下，这些城池都投降了。

甲午年，讨论将中原百姓登记编户，大臣忽都虎等人建议以成年男子为征税对象。耶律楚材说：『不行。成年男子逃走，那么赋税就征收不到了，应当以户为征收对象。』争论多次，终于确定以户为征收对象。当时将相大臣获得的俘虏，往往寄存在地方州郡，楚材利用登记户口的机会，下令将俘虏全部登记为平民，凡是隐藏私占的处以死刑。

乙未年，朝廷讨论将四处征伐没有归附的地方，假如派遣回回人征讨江南，汉人征讨西域，那么就能有效地控制他们，耶律楚材说：『不行。中原和西域相距遥远，还没有到达敌人的边境，就已经人马疲乏了，加上水土不服，容易生传染病，应该各从其便。』皇帝接受了他的意见。

丙申年春天，宗室亲王们大聚会，太宗亲自拿起酒杯赐给耶律楚材说：『我之所以推心置腹地任用你，是因为先帝的命

令。没有你，中原地区就没有今天。我之所以能够高枕无忧，都是因为你的努力。』西域各国以及宋朝、高丽的使者前来朝见，说的话大多不可信，太宗指着耶律楚材对他们说：『你们国家有这样的人才吗？』使者们都老实地说道：『没有。他简直是神人啊！』太宗说：『你们只有这句话不假，我也觉得你们国中一定没有这样的人才。』有个叫于元的人，奏请发行纸币。耶律楚材说：『金章宗时开始推行纸币，与铜钱同时使用，官府以发行纸币来谋利，不愿意回收，称为「老钞」，甚至一万贯纸币只能买一张饼。百姓穷困，国家经费短缺，应该引以为戒。现在印制纸币，不能超过一万锭。』朝廷接受了他的意见。

秋七月，忽都虎送来了户口簿，太宗打算分割州县赏赐给亲王、功臣。耶律楚材说：『分割土地和人民，容易发生冲突和纠纷。不如多赐给他们金帛财物。』太宗说：『已经答应了，怎么办呢？』楚材说：『如果朝廷设置官吏，征收上交给诸王功臣的赋税，到年底分给他们，不让他们自行征收，这样就可以了。』太宗同意他的想法，于是确定全国的赋税，每两户出丝一斤，以供国家使用；五户合出丝一斤，作为诸王和功臣封地的收入。地税，中等田每亩交两升半，上等田交三升，下等田交两升，水田每亩交五升；商税征收三十分之一；盐价，白银一两可买四十斤。正常的赋税额确定后，朝廷讨论认为太轻，楚材说：『赋税从轻，仍会产生贪污的弊端，以后将会有人以增加国家收入为升官的途径，那样的话现在的赋税额就已经够重的了。』

当时工匠制造物品，随意浪费官府的物资，十之八九被他们私自占有，耶律楚材请求全部加以考核，建立起固定的制度。当时侍臣脱欢奏请在天下没有出嫁的女子中挑选美女，诏令已经颁发，耶律楚材拦住不执行，太宗发怒。楚材进谏道：『以前挑选了二十八个美女，已经足够用来使唤。现在又要挑选，我担心骚扰百姓，正想再向陛下汇报。』太宗过了好一会儿才说：『可以取消这件事。』又打算征收民间的母马，楚材说：『耕种养蚕的地方，不出产马，现在如果推行收马之法，以后必定成为百姓的祸害。』太宗又接受了他的意见。

丁酉年，耶律楚材上奏说：『制造器具必须用好的工匠，要保持国家已取得的成就必须任用儒臣。儒臣的事业，不进行几十年的积累，是难以成功的。』太宗说：『果真是这样的话，可以让这些人做官。』楚材说：『请加以考试选拔。』于是命令宣德州宣课使刘中到各郡去主持考试，分为经义、词赋、论三个科目，被俘为奴的读书人，也让他们参加考试，主人隐藏不让他们应试的处以死刑。共选拔了四千三百名读书人，免去奴隶身份的占四分之一。

以前，州郡官吏中有很多人借商人的银钱来偿还欠官府的债务，利息累计为本钱的好几倍，称为『羊羔儿利』，甚至妻子儿女都被变卖为奴隶，还是还不清。耶律楚材上奏，下令利息与本钱相等后不许再增加，永远成为固定的制度，民间所欠的债务，由官府代为偿还。直至统一度量衡、颁发符印、建立钞法、制定统一的贸易法规、设置邮政系统、明确驿站的使用凭证，各种政务大致齐备，百姓稍微能够休养生息。

楚材当国日久①，得禄分其亲族，未尝私以官。行省刘敏从容言之，楚材曰：『睦亲之义，但当资以金帛。若使从政而违法，吾不能徇私恩也。』岁辛丑二月三日，帝疾笃，医言脉已绝。皇后不知所为，召楚材问之，对曰：『今任使非人，卖官鬻狱，囚系非辜者多。古人一言而善，荧惑退舍，请赦天下囚徒。』后即欲行之，楚材曰：『非君命不可。』俄顷，帝少苏，因入奏，请肆赦，帝已不能言，首肯之。是夜，医者候脉复生，适宣读赦书时也，翌日而瘳。冬十一月四日，帝将出猎，楚材以太乙数推之，亟言其不可，左右皆曰：『不骑射，无以为乐。』猎五日，帝崩于行在所。皇后乃马真氏称制，崇信奸回，庶政多紊。奥鲁剌合蛮以货得政柄，廷中悉畏附之。楚材面折廷争，言人所难言，人皆危之②。

癸卯五月，荧惑犯房，楚材奏曰：『当有惊扰，然讫无事。』居无何，朝廷用兵，事起仓卒，后遂令授甲选腹心，至欲西迁以避之。楚材进曰：『朝廷天下根本，根本一摇，天下将乱。臣观天道，必无患也。』后数日乃定。后以御宝空纸付奥都剌合蛮，使自书填行之。楚材曰：『天下者先帝之天下。朝廷自有宪章，今欲紊之，臣不敢奉诏。』事遂止。又有旨：『凡奥都剌合蛮所建白，令史不为书者，断其手。』楚材曰：『国之典故，先帝悉委老臣，令史何与焉？事若合理，自当奉行，如不可行，死且不避，况截手乎！』后不悦。楚材辨论不已，因大声曰：『老臣事太祖、太宗三十余年，无负于国，皇后亦岂能无罪杀臣也！』后虽憾之，亦以先朝旧勋，深敬惮焉。甲辰夏五月，薨于位，年五十五。皇后哀悼，赙赠甚厚。后有谮楚材者，言其在相位日久，天下贡赋，半入其家。后命近臣麻里扎覆视之，唯琴阮十余，及古今书画、金石、遗文数千卷。至顺元年，赠经国议制寅亮佐运功臣、太师、上柱国，追封广宁王，谥文正。子铉、铸。

注释 ①当国日久：长久主持朝政。②言人所难言，人皆危之：讲他人不敢讲的话，人们都很担心他。

译文 耶律楚材主持政务很长时间，把得到的俸禄分给自己的亲族，从来没有徇私情让他们做官。行省刘敏严肃认真地向他提起此事，楚材说：『使亲族和睦的道理，只应是用财物资助

他们。我不能为了照顾私人感情而让他们去做官违法。』

辛丑年二月三日，太宗病危，医生说脉搏已经不动了。皇后不知所措，把耶律楚材召来询问，楚材回答说：『现在任用的官员不合适，出卖官职，打官司要贿赂，囚禁无辜的人很多。古人一句好话就可以使火星退到原来的位置，我请求赦免天下的囚徒。』皇后想立即去做，楚材说：『没有皇上的命令不行。』过了一会，太宗稍微苏醒过来，于是上奏请求赦免囚犯，太宗已不能说话，点头表示同意。当天夜里，医生测到脉搏重新跳动，正好是宣读赦免令的时候，第二天病就好了。冬十一月四日，太宗将出去打猎，楚材用太乙数来推算，赶紧说不能打猎，左右侍从们都说：『不骑马射箭，就谈不上快乐。』打猎五天，太宗在行营中去世。皇后乃马真氏行使皇帝权力，重用和信任奸邪之人，政务都被搞乱。奥都剌合蛮因为包买赋税而执掌大权，朝廷里的人都害怕他、依附他。楚材当面斥责，在朝廷中争辩，说别人不敢说的话，人们都为他担心。

癸卯年五月，火星侵犯房星的区域，耶律楚材上奏说：『将有惊扰发生，但最后会没事的。』没过多久，朝廷用兵，事情仓促发生，群情纷扰，皇后于是下令将靠得住的人武装起来，甚至想向西迁移以躲避面临的危机。楚材说：『朝廷是天下的根本，根本一旦动摇，天下将会动乱。我观察天象，肯定没有灾难。』过了几天就安定下来。皇后将盖有皇帝大印的空白纸张交给奥都剌合蛮，让他自行填写办事。楚材说：『天下是先帝的天下。朝廷自有法律规章，现在要搅乱，我不敢遵从命令。』这件事因而中止。又有旨令说：『凡是奥都剌合蛮提出的建议，令史如果不记录下来，就砍断他的手。』楚材说：『国家的典章制度，先帝都托付给我来维护，跟令史有什么关系呢？事情如果合理，自然应当奉命执行，如果不能照办的，死都不怕，何况是断手呢！』皇后很不高兴。楚材仍然争辩不已，并大声说：『我侍奉太祖、太宗三十多年，没有辜负国家，皇后又怎么能没有罪名而处死我呢！』皇后虽然恨他，但因为他是先朝的有功旧臣，对他既尊敬又畏惧。

甲辰年夏五月，耶律楚材死在官位上，终年五十五岁。皇后哀悼，赠赐非常丰厚。后来有人诬陷楚材，说他当宰相时间很长，天下进贡的赋税有一半都落到他的家中。皇后命令侍从大臣麻里扎前去查看，只有十几张琴阮以及几千卷古今书画、金石和遗文。至顺元年，赠官号为经国，议制寅亮佐运功臣、太师、上柱国，追封为广宁王，谥号『文正』。有两个儿子耶律铉、耶律铸。

明史

二十四史精华

清·张廷玉等著

明太祖本纪

太祖开天行道肇纪立极大圣至神仁文义武俊德成功高皇帝，讳元璋，字国瑞，姓朱氏。先世家沛，徙句容，再徙泗州。父世珍，始徙濠州之钟离。生四子，太祖其季①也。母陈氏，方娠，梦神授药一丸，置掌中有光，吞之，寤，口余香气。及产，红光满室。自是夜数有光起，邻里望见，惊以为火，辄奔救，至则无有。比长，姿貌雄杰，奇骨贯顶②。志意廓然，人莫能测。

至正四年，旱蝗，大饥疫。太祖时年十七，父母兄相继殁，贫不克葬③。里人刘继祖与之地，乃克葬，即凤阳陵也。太祖孤无所依，乃入皇觉寺为僧。逾月，游食合肥。道病，二紫衣人与俱④，护视甚至。病已，失所在⑤。凡历光、固、汝、颍诸州三年，复还寺。当是时，元政不纲，盗贼四起。刘福通奉韩山童假宋后起颍，徐寿辉僭帝号起蕲，李二、彭大、赵均用起徐，众各数万，并置将帅，杀吏，侵略郡县，而方国珍已先起海上。他盗拥兵据地，寇掠甚众。天下大乱。

注释 ①太祖其季：太祖是他的第四个儿子。②奇骨贯顶：奇特的骨头从头顶贯穿。③贫不克葬：家境贫困不能治葬。④二紫衣人与俱：有两位紫衣服的人与他在一起，对他照顾得很周到。⑤失所在：已不在原处。

译文 太祖开天行道肇纪立极大圣至神仁文义武俊德成功高皇帝，名元璋，字国瑞，姓朱。先世家在沛，后迁到句容，再迁到泗州。父亲朱世珍，开始迁居濠州的钟离。生了四个儿子，太祖为其第四子。母亲陈氏。她刚刚怀太祖的时候，梦见神送给她一丸药，放在手中闪闪发光，吞服以后睡醒，口中仍有香气。及生太祖时，红光满屋。从此，每夜多次有火光升起。邻里望见，害怕是发生火灾，于是奔往相救，到太祖家一看则见不到有火光。到他长大以后，姿容相貌一副英雄豪杰的气派，有块奇特的骨头贯穿到头顶。志意广大，人不能推测。

至正四年，旱灾蝗灾并发，大饥大疫同生。太祖时年十七，父母兄长相继死亡，家贫不能治葬。同村的刘继祖送给他一块坟地，才得以安葬，后来的凤阳皇陵即在此。太祖因为孤苦伶仃无依无靠，于是入皇觉寺为僧。过了一个月，游食到了合肥。在路上患病，有两位穿紫色衣服的人与他在一起，对他照顾得甚为周到。病愈后，见此二人已不在那里。于是游历光、固、汝、颍各州凡三年，再回到皇觉寺。当是时，元朝政治腐败，盗贼四起。刘福通崇奉韩山童假称宋朝的后代在颍州起兵，徐寿辉冒用帝号在蕲州起兵，李二、彭大、赵均用在徐州起兵，他们各拥有部众数万人，并且设将帅，杀污吏，攻打郡县，而方国珍已先在海上起事了。其他的盗贼也都拥有武装占据地盘，参与抢掠的人多得很，天下大乱。

十二年春二月，定远人郭子兴与其党孙德崖等起兵濠州。元将彻里不花惮不敢攻，而日俘良民以邀赏。太祖时年二十四，谋避兵，卜于神，去留皆不吉。乃曰：『得毋当举大事乎①？』卜之吉，大喜，遂以闰三月甲戌朔入濠见子兴。子兴奇其状貌，留为亲兵。战辄胜，遂妻以所抚马公女，即高皇后也。子兴与德崖龃龉，太祖屡调护之。

十五年春正月，子兴用太祖计，遣张天祐等拔和州，檄太祖总其军。太祖虑诸将不相下，秘其檄，期旦日会厅事。时席尚右，诸将先入，皆踞右。太祖故后至，就左。比视事，剖决如流，众瞠目不能发一语，始稍稍屈。议分工甓城，期三日。太祖工竣，诸将皆后。于是始出檄，南面坐曰：『奉命总诸公兵，今甓城皆后期，如军法何？』诸将皆惶恐谢。乃搜军中所掠妇女纵还家，民大悦。元兵十万攻和，拒守三月，食且尽，而太子秃坚、枢密副使绊住马、民兵元帅陈野先分屯新塘、高望、鸡笼山以绝饷道。太祖率众破之，元兵皆走渡江。三月，郭子兴卒。时刘福通迎立韩山童子林儿于亳，国号宋，建元龙凤。檄子兴子天叙为都元帅，张天祐、太祖为左右副元帅。太祖慨然曰：『大丈夫宁能受制于人耶？』遂不受。然念林儿势盛，可倚藉②，乃用其年号以令军中。

注释 ①得毋当举大事乎：难道真的要成大事吗？②可倚藉：可当作依仗。

译文 至正十二年春二月，定远人郭子兴与其同党孙德崖等人在濠州起兵。元将彻里不花因害怕不敢去攻打，天天抓良民为俘虏用以邀功请赏。太祖时年二十四，为逃避的战乱，在神像前求签问卜，出去和留下都不吉利。于是说：『莫非当举大事不成？』问卜得吉利，大为欢喜，于是在闰三月初一日到濠州见郭子兴。子兴见他相貌非凡，当即留为亲兵。太祖每战必胜。郭子兴于是将他所抚养的马公的女儿嫁与太祖为妻，她就是后来的高皇后。每当子兴与德崖发生矛盾的时候，太祖总是一再从中调停和保护郭子兴。

至正十五年春正月，郭子兴采用太祖的计谋，派遣张天祐等人夺取和州，发文书令太祖总领他的军队。太祖考虑到各位将领会不服从，将文书秘而不宣，约定第二天到厅堂开会议事。当时座次以右面为上，第二天开会时各位将领先到会，都坐在右面，太祖故意晚到坐在左面。到办事时，太祖对各种问题的分析决断如同流水一般透彻清晰，而各位将领却瞠目结舌哑口无言，这时他们才开始稍稍屈从太祖。又决定用砖修筑城墙，期限三日。太祖如期完工，各位将领却都不能按时完成。

至此太祖才开始拿出郭子兴发给他的文书，面向南而坐说：『我奉命总领各位的部队，而今筑城皆超过期限，当按军法治罪如何？』各位将领无不惶恐认错。于是下令把军队中所掠夺的妇女搜查出来，释放回家，百姓大为高兴。此时元兵十万人围攻和州，城内将士坚守三个月，粮食已尽，而元朝子秃坚、枢密副使绊住马、民兵元帅陈野先分别驻守在新塘、高望、鸡笼山，因此断绝了运粮饷入和州的道路。太祖率兵打败了他们，元兵皆逃走渡过长江。三月，郭子兴去世。是时刘福通在亳州迎立韩山童的儿子韩林儿为帝，国号宋，年号龙凤。发文书令郭子兴的儿子郭天叙为都元帅，张天祐、太祖分别为左右副元帅。太祖很感慨地说：『大丈夫岂宁肯受别人的控制呀。』于是不接受任命。然而又想到韩林儿势力强盛可以作为倚仗，于是使用他的龙凤年号，用以号令军队。

夏四月，常遇春来归。五月，太祖谋渡江，无舟。会巢湖帅廖永安、俞通海以水军千艘来附，太祖大喜，往抚其众①。而元中丞蛮子海牙扼铜城闸、马场河诸隘，巢湖舟师不得出。忽大雨，太祖喜曰：『天助我也！』遂乘水涨，从小港纵舟还。因击海牙于峪溪口，大败之，遂定计渡江。诸将请直趋集庆。太祖曰：『取集庆必自采石始。采石重镇，守必固，牛渚前临大江，彼难为备，可必克也。』六月乙卯，乘风引帆，直达牛渚。常遇春先登，拔之。采石兵亦溃。缘江诸垒悉附。诸将以和州饥，争取资粮谋归。太祖谓徐达曰：『渡江幸捷，若舍而归，江东非吾有也。』乃悉断舟缆，放急流中，谓诸将曰：『太平甚近，当与公等取之②。』遂乘胜拔太平，执万户纳哈出。总管靳义赴水死，太祖曰『义士也』，礼葬之。揭榜禁剽掠。有卒违令，斩以徇，军中肃然。改路曰府。置太平兴国翼元帅府，自领元帅事，召陶安参幕府事，李习为知府。时太平四面皆元兵。右丞阿鲁灰、中丞蛮子海牙等严师截姑孰口，陈野先水军帅康茂才以数万众攻城。太祖遣徐达、邓愈、汤和逆战，别将潜出其后，夹击之，擒野先，并降其众，阿鲁灰等引去。秋九月，郭天叙、张天祐攻集庆，野先叛，二人皆战死，于是子兴部将尽归太祖矣。野先寻为民兵所杀，从子兆先收其众，屯方山，与海牙掎角以窥太平。冬十二月壬子，释纳哈出北归。

十六年春二月丙子，大破海牙于采石。三月癸未，进攻集庆，擒兆先，降其众三万六千人，皆疑惧不自保。太祖择骁健者五百人入卫，解甲酣寝达旦，众心始安。庚寅，再败元兵于蒋山。元御史大夫福寿，力战死之，蛮子海牙遁归张士诚，康茂才降。太祖入城，悉召官吏父老谕之曰：『元政渎扰，干戈蜂起，我来为民除乱耳，其各安堵如故。贤士吾礼用之，旧政不便者除之，吏毋贪暴殃吾民。』民乃大喜过望。改集庆路为应天府，辟夏煜、孙炎、杨宪等十余人，葬御史大夫福寿，以旌③其忠。

当是时，元将定定扼镇江，别不华、杨仲英屯宁国，青衣军张明鉴据扬州，八思尔不花驻徽州，石抹宜孙守处州，其弟厚孙守婺州，宋伯颜不花守衢州，而池州已为徐寿辉将所据，张士诚自淮东陷平江，转掠浙西。太祖既定集庆，虑士诚、寿辉强，江左、浙右诸郡为所并，于是遣徐达攻镇江，拔之，定定战死。夏六月，邓愈克广德。

注释 ①众：部众。②太平甚近，当与公等取之：很快就将获得太平了，我将与各位一起去争取。③旌：表彰。

译文 夏四月，常遇春前来加入太祖的队伍。五月，太祖计划渡长江，但没有船。恰巧遇到巢湖统帅廖永安、俞通海带领水军千艘前来归附，太祖大喜，立即去安抚慰问他们的部众。由于元朝中丞蛮子海牙控制着铜城闸、马场河各个险要关口，使巢湖水军不能出来。忽然降下大雨，太祖一见喜上心头说：『老天助我呀。』于是乘水涨之机从小港纵身而过，把船只驶出来，因而得以在峪溪口痛击蛮子海牙，大败其众，于是定计渡长江。各位将领请求直接进军集庆。太祖说：『攻取集庆必须从采石开始。采石是一个军事重镇，防守必然坚固，牛渚前面靠大江，敌人难以守备，攻其可以必胜。』六月乙卯，渡江大军乘风扬帆，直达牛渚。常遇春捷足先登，夺取牛渚。在采石的元兵纷纷溃败，长江沿岸的各个堡垒全部归附。

各位将领因和州无粮可食，争着筹集钱粮计划回和州。太祖对徐达说：『渡江幸而得胜，若舍此而撤兵回和州，江东就不是我们所能占有了。』于是把系船的缆绳全部砍断，放入急流之中，对各位将领说：『太平离这里很近，我当与各位一起去夺取它。』于是乘胜夺取太平，俘获元朝万户纳哈出。总管靳义投水而死，太祖说：『他是一位义士呀。』命以礼安葬他。同时公开张贴榜文严禁抢掠。有一个士兵违反了命令，当众杀了他以示警告，军中秩序井然。太祖还改路为府。设置太平兴国翼元帅府，自己负责总领元帅府的事务，召陶安参幕府事，李习为太平知府。当时太平四面都是元兵。元朝右丞阿鲁灰、中丞蛮子海牙等人严令其军堵截姑孰口，陈野先水军率领康茂才用数万人围攻太平城。太祖派徐达、邓愈、汤和督兵迎战，另外遣将暗中攻其后，前后夹攻他们，活捉陈野先并降伏其部众，阿鲁灰等人见势不利收兵撤去。

秋九月，郭天叙、张天祐进攻集庆，陈野先叛变，郭、张两人皆战死，于是郭子兴的部将全都归了太祖。陈野先不久为民兵所杀，其从子陈兆先收其部众，驻守方山，与蛮子海牙互为掎角之势伺机夺回太平。

冬十二月壬子，释放纳哈出回到北方。

至正十六年春二月丙子，在采石大败蛮子海牙。

三月癸未，进攻集庆，活捉陈兆先，降其众三万六千人，降者皆疑虑重重害怕不能保全自己。为此太祖专门在他们当中选择骁勇健壮的五百人作为宿卫，他自己脱下战甲在此通宵达旦酣睡，这些人的心情才开始安定下来。庚寅，在蒋山再次挫败元兵。元朝御史大夫福寿力战身死，蛮子海牙逃归张士诚，康茂才投降了太祖。太祖进入集庆城，召集所有的官吏与父老告谕他们说：『元朝政治败坏，扰乱民众，生灵涂炭，各处兵火蜂起，我来不过是为百姓消除战乱而已，你们当和以往一样安居稳定。贤能的人士我将以礼聘使用他们，旧政不方便百姓的一概予以废除，官吏不得贪暴残害我的百姓。』百姓于是大为高兴，喜出望外。太祖改集庆路为应天府，召见夏煜、孙炎、杨宪等十余人，各授以官职，又令埋葬元朝御史大夫福寿，以表彰他的忠义。

当是时，元将定定扼守镇江，别不华、杨仲英驻守宁国，青衣军张明鉴占据扬州，八思尔不花驻扎徽州，石抹宜孙守卫处州，石抹宜孙的弟弟石抹厚孙守卫婺州，宋伯颜不花守卫衢州，而池州已经为徐寿辉的部将所占据，张士诚从淮东攻陷平江，转而掠夺浙西。太祖既平定集庆，考虑到张士诚、徐寿辉势力强大，江左、浙右各郡为其所吞并，于是派徐达进攻镇江，大获全胜，定定战死。夏六月，邓愈攻克广德。

秋七月己卯，诸将奉太祖为吴国公。置江南行中书省，自总省事，置僚佐。贻书张士诚，士诚不报，引兵攻镇江。徐达败之，进围常州，不下。九月戊寅，如镇江，谒孔子庙。遣儒士告谕父老，劝农桑，寻①还应天。

十九年春正月乙巳，太祖谋取浙东未下诸路。戒诸将曰：『克城以武，戡乱以仁。吾比入集庆，秋毫无犯，故一举而定。每闻诸将得一城不妄杀，辄喜不自胜。夫师行如火，不戢将燎原。为将能以不杀为武，岂惟国家之利，子孙实受其福。』庚申，胡大海克诸暨。是月，命宁越知府王宗显立郡学。三月甲午，赦大逆以下。丁巳，方国珍以温、台、庆元来献，遣其子关为质，不受。夏四月，俞通海等复池州。时耿炳文守长兴，吴良守江阴，汤和守常州，皆数败士诚兵。太祖以故久留宁越，徇浙东。六月壬戌，还应天。秋八月，元察罕帖木儿复汴梁，福通以林儿退保安丰。九月，常遇春克衢州，擒宋伯颜不花。冬十月，遣夏煜授方国珍行省平章，国珍以疾辞。十一月壬寅，胡大海克处州，石抹宜孙遁。时元守兵单弱，且闻中原乱，人心离散，以故江左、浙右诸郡，兵至皆下，遂西与友谅邻②。

注释 ①寻：随后，之后。②邻：毗邻之意。

译文 秋七月己卯，各位将领尊奉太祖为吴国公。设置江南行中书省，自己总理行省事务，又设置官属辅佐政务。太祖派人送信二十年春二月，元福建行省参政袁天禄以福宁降。三月戊子，征刘基、宋濂、章溢、叶琛至。夏五月，徐达、常遇春败陈友谅于池州。闰月丙辰，友谅陷太平，守将朱文逊，院判花云、王鼎，知府许瑗死之。未几，友谅弑其主徐寿辉，自称皇帝，国号汉，尽有江西、湖广地，约士诚合攻应天，应天大震。诸将议先复太平以牵之，太祖曰：『不可。彼居上游，舟师十倍于我，猝难复也。』或请自将迎击，太祖曰：『不可。彼以偏师缀我，而全军趋金陵，顺流半日可达，吾步骑急难引还，百里趋战，兵法所忌，非策也。』乃驰谕胡大海捣信州牵其后，而令康茂才以书给友谅，令速来。友谅果引兵东。于是常遇春伏石灰山，徐达阵南门外，杨璟屯大胜港，张德胜等以舟师出龙江关，太祖亲督军卢龙山。乙丑，友谅至龙湾，众欲战，太祖曰：『天且雨，趣食，乘雨击之。』须臾，果大雨，士卒竞奋，雨止合战，水陆夹击，大破之，友谅乘别舸走。遂复太平，下安庆，而大海亦克信州。初，太祖令茂才给友谅，李善长以为疑。太祖曰：『二寇合，吾首尾受敌，惟速其来而先破之，则士诚胆落矣。』已而士诚兵竟不出。丁卯，置儒学提举司，以宋濂为提举，遣子标受经学。六月，耿再成败石抹宜孙于庆元，宜孙战死，遣使祭之。秋九月，徐寿辉旧将欧普祥以袁州降。冬十二月，

给张士诚，士诚拒不回复，统兵进攻镇江。徐达将其打败，并进而围攻常州，未能攻下。九月戊寅，到镇江，拜谒孔子庙。派儒士告谕父老，劝他们重视农作种植桑麻，随后回到应天。

至正十九年春正月乙巳，太祖计划夺取浙东尚未攻下的各路。告诫各位将领说：『攻城用武力，治乱用仁义。我军入集庆，秋毫无犯，所以能一举平定。每次听到各位将领攻得一城不妄行杀戮，总是喜不自胜。部队行军迅速如火，若不能稍加约束势必如火燎原。身为将领能以不杀人为勇猛，不仅是国家的利益，子孙后代也会深受其福。』庚申，胡大海攻克诸暨。同月，命令宁越知府王宗显建立府学。三月甲午，赦免犯大逆以下的罪犯。丁巳，方国珍将温、台、庆元进献给太祖，并派其子方关作为人质，太祖不予接受。

夏四月，俞通海等人收复池州。当时耿炳文守卫长兴，吴良守卫江阴，汤和守卫常州，皆多次打败张士诚的部队。太祖因此久留宁越，攻打浙东。六月壬戌，回到应天。秋八月，元朝察罕帖木儿收复汴梁，刘福通与韩林儿退保安丰。九月，常遇春攻克衢州，活捉宋伯颜不花。冬十月，派遣夏煜任命方国珍为行省平章，国珍以病为由加以推辞。十一月壬寅，胡大海攻克处州，石抹宜孙逃走。那时元朝守卫各地的兵力薄弱，而且闻知中原一片混乱，人心离散，因此江左、浙右诸郡，兵至皆战无不胜，于是在西面与陈友谅相毗邻。

复遣夏煜以书谕国珍。

二十一年春二月甲申，立盐茶课。己亥，置宝源局。三月丁丑，改枢密院为大都督府。元将薛显以泗州降。戊寅，国珍遣使来谢，饰金玉马鞍以献。却之曰：『今有事四方，所需者人材，所用者粟帛，宝玩非所好也。』秋七月，友谅将张定边陷安庆。八月，遣使于元平章察罕帖木儿。时察罕平山东，降田丰，军声大振，故太祖与通好。会察罕方攻益都未下，太祖乃自将舟师征陈友谅。戊戌，克安庆，友谅将丁普郎、傅友德迎降。壬寅，次湖口，追败友谅于江州，克其城，友谅奔武昌。分徇南康、建昌、饶、蕲、黄、广济，皆下。冬十一月己未，克抚州。

二十二年春正月，友谅江西行省丞相胡廷瑞以龙兴降。乙卯，如龙兴，改为洪都府。谒孔子庙。告谕父老，除陈氏苛政，罢诸军需，存恤贫无告者，民大悦①。袁、瑞、临江、吉安相继下。二月，还应天。邓愈留守洪都。癸未，降人蒋英杀金华守将胡大海，郎中王恺死之，英叛降张士诚。处州降人李祐之闻变，亦杀行枢密院判耿再成反，都事孙炎、知府王道同、元帅朱文刚死之。三月癸亥，降人祝宗、康泰反，陷洪都，邓愈走应天，知府叶琛、都事万思诚死之。是月，明玉珍称帝于重庆，国号夏。夏四月己卯，邵荣复处州。甲午，徐达复洪都。五月丙午，朱文正、赵德胜、邓愈镇洪都。六月戊寅，察罕以书来报，留我使人不遣。察罕寻为田丰所杀。秋七月丙辰，平章邵荣、参政赵继祖谋逆，伏诛。冬十二月，元遣尚书张昶航海至庆元，授太祖江西行省平章政事，不受。察罕子扩廓帖木儿致书归使者。

二十三年春正月丙寅，遣汪河报之。二月壬申，命将士屯田积谷。是月，友谅将张定边陷饶州。士诚将吕珍破安丰，杀刘福通。三月辛丑，太祖自将救安丰，珍败走，以韩林儿归滁州，乃还应天。夏四月壬戌，友谅大举兵围洪都。乙丑，诸全守将谢再兴叛，附于士诚。五月，筑礼贤馆。友谅分兵陷吉安，参政刘齐、知府朱叔华死之。陷临江，同知赵天麟死之。陷无为州，知州董会死之。秋七月癸酉，太祖自将救洪都。癸未，次湖口，先伏兵泾江口及南湖觜，遏友谅归路，檄信州兵守武阳渡。友谅闻太祖至，解围，逆战于鄱阳湖。友谅兵号六十万，联巨舟为阵，楼橹高十余丈，绵亘数十里，旌旗戈盾，望之如山。丁亥，遇于康郎山，太祖分军十一队以御之。戊子，合战，徐达击其前锋，俞通海以火炮焚其舟数十，杀伤略相当。友谅骁将张定边直犯太祖舟，舟胶于沙，不得退，危甚，常遇春从旁射中定边，通海复来援，舟骤进，水涌太祖舟，乃得脱。己丑，友谅悉巨舰出战，诸将舟小，仰攻不利，有怖色。太祖亲麾之，不前，斩退缩者十余人，人皆殊死战。会日晡，大风起东北，乃命敢死士操七舟，实火药芦苇中，纵火焚友谅舟。风烈火炽，烟焰涨天，湖水尽赤。友谅兵大乱，诸将鼓噪乘之，斩首二千余级，焚溺死者无算，友谅气夺。辛卯，复战，友谅复大败。于是敛舟自守，不敢更战。壬辰，太祖移军扼左蠡，友谅亦退保渚矶。相持三日，其左、右二金吾将军皆降。友谅势益蹙，忿甚，尽杀所获将士。而太祖则悉还所俘，伤者傅以善药，且祭其亲戚诸将阵亡者。八月壬戌，友谅食尽，趋南湖觜，为南湖军所遏，遂突湖口。太祖邀之，顺流搏战，及于泾江。泾江军复遮击之，友谅中流矢死②。张定边以其子理奔武昌。九月，还应天，论功行赏。先是，太祖救安丰，刘基谏不听。至是谓基曰：『我不当有安丰之行。使友谅乘虚直捣应天，大事去矣。乃顿兵南昌，不亡何待。友谅亡，天下不难定也。』壬午，自将征陈理。是月，张士诚自称吴王。冬十月壬寅，围武昌，分徇湖北诸路，皆下。十二月丙申，还应天，常遇春留督诸军。

注释 ①罢诸军需，存恤贫无告者，民大悦：免除各种军需供应，安慰贫穷百姓和孤寡，百姓十分高兴。②中流矢死：身中流箭死亡。

译文 至正二十年春二月，元朝福建行省参政袁天禄在福宁投降。三月戊子，召用刘基、宋濂、章溢、叶琛到应天。夏五月，徐达、常遇春在池州打败陈友谅。闰五月丙辰，陈友谅攻陷太平，守将朱文逊，院判花云、王鼎，知府许瑗被害。不久，陈友谅杀了他的主公徐寿辉，自称皇帝，国号汉，江西、湖广的地盘尽归其所有。同时相约张士诚联合攻打应天，应天为此大受震动。各位将领商议首先收复太平用以牵制他们，太祖说：『不可以。陈友谅居长江上游，水军比我们多出十倍，一下子难以收复太平。』有人请太祖亲自率兵迎击，太祖说：『不可以。陈友谅以非主力部队牵制我军，而全军直攻金陵，顺流而下半日即可到达，我军的步兵和骑兵难以紧急返回，百里催战，兵法所忌，不是良策呀。』于是迅速派人命胡大海直捣信州以牵制陈友谅的后方，同时命康茂才去信哄骗友谅，令其速来。友谅果然受骗，引兵东下。于是常遇春设伏兵于石灰山，徐达布阵于南门外，杨璟驻守大胜港，孙德胜等人率水军出龙江关，太祖亲自在卢龙山坐镇指挥。乙丑，陈友谅到龙湾时，众军欲开战，太祖说：『天快下雨了，赶快吃饭，乘雨攻击他。』不一会，果然倾盆大雨，士卒竞相奋勇争先，雨停止之后合力作战，水陆夹击，大败陈友谅。友谅乘坐别的大船逃走。于是收复太平，攻下安庆，过后胡大海也攻克信州。

起初，太祖令康茂才哄骗陈友谅，李善长对此表示疑惑不解。太祖说：『陈、张二敌联合，我首尾受敌，只有令其速来

而先打败他，张士诚就必将丧胆落魄了。』后来张士诚的军队终究不敢出来。丁卯，设置儒学提举司，用宋濂为提举，派长子朱标学习经学。六月，耿再成在庆元打败石抹宜孙，宜孙战死，太祖遣使祭奠他。

秋九月，徐寿辉的原部将欧普祥在袁州投降。

冬十二月，再次派夏煜送信招谕方国珍。

至正二十一年春二月甲申，建立食盐课税法和茶叶课税法。己亥，置立宝源局。

三月丁丑，改枢密院为大都督府。元将薛显在泗州投降。戊寅，方国珍遣使前来谢罪，进献用金玉装饰的马鞍，拒绝接受，说：『今日四方多事，所需要的是人才，所急用的是粮食和布匹，珍宝玩物不是我所爱好的。』

秋七月，陈友谅的部将张定边攻陷安庆。

八月，派遣使者到元朝平章察罕帖木儿那里。当时察罕出兵平山东，招降田丰，军威大振，所以太祖要与他通好。刚好遇到察罕正在进攻益都而未能攻下，太祖于是亲自领水军出征陈友谅。戊戌，攻克安庆，陈友谅的部将丁普郎、傅友德出城迎降。壬寅，到达湖口，在江州追击陈友谅并将其打败，攻克江州城，陈友谅逃奔武昌。于是分兵攻打南康、建昌、饶、蕲、黄、广济，全部攻占。

冬十一月己未，攻克抚州。

至正二十二年春正月，陈友谅的江西行省丞相胡廷瑞在龙兴投降。乙卯，到龙兴，改其为洪都府。拜谒孔子庙。指示父老，废除陈友谅的苛政，罢免各种军需供应，慰问抚恤贫苦百姓和鳏寡孤独，百姓大为高兴。袁、瑞、临江、吉安相继攻下。

二月，回到应天。令邓愈留守洪都。癸未，降人蒋英杀死金华守将胡大海，郎中王恺遇难，蒋英叛降张士诚。处州降人李祐之听到蒋英叛变的消息，也起来造反，杀死行枢密院判耿再成，都事孙炎、知府王道同、元帅朱文刚遇难。

三月癸亥，降人祝宗、康泰起兵反叛，攻陷洪都，邓愈急走应天，洪都知府叶琛、都事万思诚被杀。这一月，明玉珍在重庆称帝，国号夏。

夏四月己卯，邵荣收复处州。甲午，徐达收复洪都。五月丙午，命朱文正、赵德胜、邓愈镇守洪都。

六月戊寅，察罕帖木儿命人送信来报，扣留太祖派去的使者，不予遣还。不久察罕被田丰杀死。

秋七月丙辰，平章邵荣、参政赵继祖谋划反叛太祖，被杀死。

冬十二月，元朝派尚书张昶从海上到达庆元，任命太祖为江西行省平章政事，不接受。察罕帖木儿的儿子扩廓帖木儿致信将送回使者。

至正二十三年春正月丙寅，派汪河前去回报扩廓帖木儿。

二月壬申，命将士屯田积谷。同月，陈友谅的部将张定边攻陷饶州。张士诚的部将吕珍攻破安丰，杀死刘福通。

三月辛丑，太祖亲自督兵救安丰，吕珍兵败逃走。太祖与韩林儿一起回滁州，然后自己才回到应天。

夏四月壬戌，陈友谅调大军围攻洪都。乙丑，诸全守将谢再兴叛变，归附于张士诚。

五月，建筑礼贤馆。陈友谅分兵攻陷吉安，参政刘齐、知府朱叔华被杀，又攻陷临江，同知赵天麟被杀。再陷无为州，知州董曾被杀。

秋七月癸酉，太祖亲自统兵救洪都。

癸未，到湖口，首先在泾江口以及南湖觜埋设伏兵，阻止陈友谅的归路，发文书命令信州的军队守住武阳渡。陈友谅得知太祖到洪都，撤兵解围，在鄱阳湖迎战太祖。陈友谅的军队号称六十万人，连接大船为战斗列阵，船楼高十余丈，长达数十里，各种旗帜和戍堆的兵器，远远望去犹如一座山。丁亥，双方在康郎山相遇，太祖把他的军队分为十一队以抗御陈友谅。戊子，太祖的军队合力作战，徐达出击陈友谅的前锋，俞通海用火炮焚毁陈友谅的战船数十艘，双方死伤大略相当。陈友谅的猛将张定边直接进攻太祖所在的战船，使战船搁浅在沙滩上，不能退却，处境非常危险。幸亏常遇春从旁边射中张定边，俞通海再统兵来援，由于船只骤然驶进，使湖水随着涌过来，太祖的战船才得以脱离险境。己丑，陈友谅用所有的大船出战，太祖的各位将领因为船小，仰攻不利，脸有惧色。太祖亲自指挥，仍然畏缩不前的，当众斩死十余个畏敌退缩的人，这时人人才拼死力战。到午后，东北忽起大风，于是命令敢死的勇士驾驶七只战船，在芦苇中堆满火药，放火焚烧陈友谅的战船。风烈火猛，烟焰满天，把湖水照得一片赤红。陈友谅的军队一时大乱，各位将领摇旗呐喊乘胜前进，斩杀陈友谅的军队两千多人，烧死淹死的不计其数。陈友谅的气焰由此丧失。辛卯，双方再次交战，陈友谅再大败。于是收船自守，不敢再战。壬辰，太祖转移部队控制左蠡，陈友谅也退保渚矶。相持三天，陈友谅的左、右两金吾将军都投降了。陈友谅的势力日益穷蹙，愤怒异常，竟把所俘获的将士全部杀死。而太祖则将所有的俘虏释放遣还，受伤的用良药给予医治，并且祭奠他们阵亡的亲戚和将领。

八月壬戌，陈友谅由于粮食已尽，转移到南湖觜，为南湖的驻军所阻挡，于是突入湖口。太祖进行阻击，顺流搏战，到达泾江。泾江的守军再拦击他，陈友谅中流箭身亡。张定边与其子陈理逃奔武昌。

九月，回到应天，论功行赏。当初，太祖亲自统兵救安丰，刘基进谏不听。于是他对刘基说：『我不应当有安丰之

行，假使陈友谅乘虚直捣应天，建功立业的大事就会丧失殆尽了。但他却把自己的军队困顿在南昌，除了坐等灭亡之外还能得到什么。陈友谅灭亡，天下就不难平定了。』壬午，亲自领兵征讨陈理。同月，张士诚自称吴王。

冬十月壬寅，包围武昌，分兵攻打湖北各路，皆取得胜利。十二月丙申，回到应天，留常遇春总督各路兵马。

二十四年春正月丙寅朔，李善长等率群臣劝进，不允。固请，乃即吴王位。建百官。以善长为右相国，徐达为左相国，常遇春、俞通海为平章政事，谕之曰：『立国之初，当先正纪纲。元氏暗弱，威福下移，驯至于乱，今宜鉴之。』立子标为世子。二月乙未，复自将征武昌，陈理降，汉、沔、荆、岳皆下。三月乙丑，还应天。丁卯，置起居注。庚午，罢诸翼元帅府，置十七卫亲军指挥使司，命中书省辟文武人材。

二十五年春正月己巳，徐达下宝庆，湖湘平。常遇春克赣州，熊天瑞降。遂趋南安，招谕岭南诸路，下韶州、南雄。甲申，如南昌，执大都督朱文正以归，数其罪，安置桐城。二月己丑，福建行省平章陈友定侵处州，参军胡深击败之，遂下浦城。丙午，士诚将李伯升攻诸全之新城，李文忠大败之。夏四月庚寅，常遇春徇襄、汉诸路。五月乙亥，克安陆。己卯，下襄阳。六月壬子，朱亮祖、胡深攻建宁，战于城下，深被执，死之。秋七月，令从渡江士卒被创废疾者养之，死者赡其妻子。九月丙辰，建国子学。冬十月戊戌，下令讨张士诚。是时，士诚所据，南至绍兴，北有通、泰、高邮、淮安、濠、泗，又北至于济宁。乃命徐达、常遇春等先规取淮东。闰月，围泰州，克之。十一月，张士诚寇宜兴，徐达击败之，遂自宜兴还攻高邮。

二十六年春正月癸未，士诚窥江阴，太祖自将救之，士诚遁，康茂才追败之于浮子门。太祖还应天。二月，明玉珍死，子升自立。三月丙申，令中书严选举。徐达克高邮。夏四月乙卯，袭破士诚将徐义水军于淮安，义遁，梅思祖以城降。濠、徐、宿三州相继下，淮东平。甲子，如濠州省墓，置守冢二十家，赐故人汪文、刘英粟帛。置酒召父老饮，极欢，曰：『吾去乡十有余年，艰难百战，乃得归省坟墓，与父老子弟复相见。今苦不得久留欢聚为乐。父老幸教子弟孝弟力田，毋远贾，滨淮郡县尚苦寇掠，父老善自爱。』令有司除租赋，皆顿首谢。辛未，徐达克安丰，分兵败扩廓于徐州。夏五月壬午，至自濠。庚寅，求遗书。秋八月庚戌，改筑应天城，作新宫钟山之阳。辛亥，命徐达为大将军，常遇春为副将军，帅师二十万讨张士诚。御戟门誓师曰：『城下之日，毋杀掠，毋毁庐舍，毋发丘垄。士诚母葬平江城外，毋侵毁。』既而召问达、遇春，用兵当何先。遇春欲直捣平江。太祖曰：『湖州张天骐、杭州潘原明为士诚臂指，平江穷蹙，两人悉力赴援，难以取胜。不若先攻湖州，使疲于奔命。羽翼既披，平江势孤，立破矣。』甲戌，败张天骐于湖州，士诚亲率兵来援，复败之于皁林。九月乙未，李文忠攻杭州。冬十月壬子，遇春败士诚兵于乌镇。十一月甲申，张天骐降。辛卯，李文忠下余杭，潘原明降，旁郡悉下。癸卯，围平江。十二月，韩林儿卒。以明年为吴元年，建庙社宫室，祭告山川。所司进宫殿图，命去雕琢奇丽者。是岁，元扩廓帖木儿与李思齐、张良弼构怨，屡相攻击，朝命不行，中原民益困。

二十七年春正月戊戌，谕中书省曰：『东南久罹兵革，民生凋敝，吾甚悯之。且太平、应天诸郡，吾渡江开创地，供亿烦劳久矣。今比户空虚，有司急催科，重困吾民，将何以堪。其赐太平田租二年，应天、镇江、宁国、广德各一年。』二月丁未，傅友德败扩廓将李二于徐州，执之。三月丁丑，始设文武科取士。夏四月，方国珍阴遣人通扩廓及陈友定，移书责之。九月甲戌，太庙成。朱亮祖帅师讨国珍。戊寅，诏曰：『先王之政，罪不及孥①。自今除大逆不道，毋连坐②。』辛巳，徐达克平江，执士诚，吴地平。戊戌，遣使致书于元主，送其宗室神保大王等北还。辛丑，论平吴功，封李善长宣国公，徐达信国公，常遇春鄂国公，将士赐赉有差。朱亮祖克台州。癸卯，新宫成。

注释 ①先王之政，罪不及孥：先王当政，治罪不连累家属。②毋连坐：不用连坐。

译文 至正二十四年春正月丙寅初一，李善长等人率领群臣劝太祖即皇帝位，太祖不同意。经一再恳请，于是就吴王位。立文武百官。用李善长为右相国，徐达为左相国，常遇春、俞通海为平章政事，指示他们说：『立国之初，应当先正法度。元朝昏暗，权力下移，致使天下大乱，今日宜引以为鉴。』立长子朱标为世子。二月乙未，再次亲自带兵出征武昌，陈理投降，汉、沔、荆、岳皆攻下。三月乙丑，回到应天。丁卯，设立起居注。庚午，罢去各翼元帅府，置立十七卫亲军指挥使司，命中书省召用文武人才。

至正二十五年春正月己巳，徐达攻下宝庆，湖湘平定。常遇春攻克赣州，熊天瑞投降。于是进军南安，招谕岭南各路，攻下韶州、南雄。甲申，到南昌，逮捕大都督朱文正回应天，列其罪状，将他安置于桐城。二月己丑，福建行省平章陈友定侵扰处州，参军胡深击败他，于是攻下浦城。丙午，张士诚的部将李伯升进攻诸全的新城，李文忠将他打得大败。

夏四月庚寅，常遇春攻打襄、汉各路。五月乙亥，攻克安

陆。己卯，攻下襄阳。六月壬子，朱亮祖、胡深攻打建宁，在城下激战，胡深被俘，遇害。

秋七月，命令抚养随从他渡江受伤残疾的士兵，死亡的赡养其妻子儿女。九月丙辰，建立国子学。

冬十月戊戌，下令讨伐张士诚。这时，张士诚所占据的地盘，南至绍兴，北拥有通、泰、高邮、淮安、濠、泗，再往北到达济宁。于是命徐达、常遇春等人首先谋取淮东。闰十月，进围泰州，攻下。十一月，张士诚侵扰宜兴，徐达击败他，于是自宜兴回师进攻高邮。

至正二十六年春正月癸未，张士诚伺机攻占江阴，太祖亲自统兵前往救援，张士诚逃走，康茂才在浮子门追击打败他。太祖回到应天。二月，明玉珍死，他的儿子明升自立为帝。三月丙申，令中书省严格选举人才。徐达攻克高邮。

夏四月乙卯，在淮安用计攻破张士诚部将徐义的水军，徐义逃走，梅思祖在城中投降。濠、徐、宿三州相继攻下，淮东平定。甲子，到濠州拜祭祖墓，设置守坟户二十家，赐给旧友汪文、刘英粮食和布匹。办酒席召乡亲父老开怀畅饮，说：『我离开乡里十多年，经过艰难百战，才得以回乡祭坟墓，与父老子弟再次相见。今日苦于不得久留与各位欢聚同乐。希望父老好好教育子弟孝顺父母、尊敬兄长、努力种田，不要远出经商，临淮郡县尚在遭受劫掠之苦，各位父老珍重自爱。』令有关部门免除租赋，众皆叩头谢恩。辛未，徐达攻克安丰，在徐州分兵打败扩廓帖木儿。

夏五月壬午，自濠州回到应天。庚寅，命访求古今各种书籍。

秋八月庚戌，改建应天城，在钟山的南面建造新的宫殿。辛亥，命徐达为大将军，常遇春为副将军，统兵二十万讨伐张士诚。在宫门誓师说：『攻下平江城之日，不要杀人抢掠，不要毁坏房舍，不要破坏田地。张士诚的母亲埋葬在平江城外，不要侵毁。』过后召问徐达、常遇春，此行用兵当先从何处入手。常遇春想直捣平江。太祖说：『湖州张天骐、杭州潘原明为张士诚的手臂手指，一旦平江受到困逼，两人必会全力入援，我军就难以取胜。不如先攻湖州，使敌疲于奔命，一旦将张士诚的羽翼分开，平江的形势就必然是孤立无援，立即可以攻破。』甲戌，在湖州打败张天骐，张士诚亲自率兵赴援，又在皂林被打败。九月乙未，李文忠攻打杭州。

冬十月壬子，常遇春在乌镇挫败张士诚的部队。十一月甲申，张天骐投降。辛卯，李文忠攻下余杭，潘原明投降，余抗周边各地也都攻下了。癸卯，合围平江。

十二月，韩林儿去世。以第二年为吴元年，建筑庙社宫殿，祭告山川诸神。有关部门进献宫殿图式，命令删去雕琢华丽的部分。

该年，元朝扩廓帖木儿与李思齐、张良弼构恶交怨，一再互相攻击，朝廷的命令得不到实行，中原地区的百姓日益困苦。

至正二十七年春正月戊戌，太祖指示中书省说：『东南地区长久以来遭受战争，民生凋敝不堪，我非常怜悯他们。而且太平、应天各府，是我渡江开创功业的地方，供应劳累已经很久了。今户户空虚，官府又急于催征赋税，使我的百姓更加困难，他们将如何能够忍受。当赐免太平的田租两年，应天、镇江、宁国、广德各免一年。』二月丁未，傅友德在徐州打败扩廓帖木儿的部将李二，活捉了他。三月丁丑，开始设立文武科举取士的制度。

夏四月，方国珍派人暗中传交通扩廓帖木儿和陈友定，太祖致信谴责他。

九月甲戌，太庙落成。朱亮祖统兵讨伐方国珍。戊寅，太祖下诏说：『先王为政，治罪不连累妻子和儿女。自今开始除犯大逆不道的罪行之外，决不要连坐。』辛巳，徐达攻克平江，活捉张士诚，吴地平定。戊戌，遣使送信给元朝的君主，送元朝宗室神保大王等人回到北方。辛丑，论平定张士诚吴地的战功，封李善长为宣国公，徐达为信国公，常遇春为鄂国公，将士赏赐各有差别。朱亮祖攻克台州。癸卯，新官殿落成。

冬十月甲辰，遣起居注吴琳、魏观以币求遗贤于四方。丙午，令百官礼仪尚左。改李善长左相国，徐达右相国。辛亥，祀元臣余阙于安庆，李黼于江州。壬子，置御史台。癸丑，汤和为征南将军，吴祯副之，讨国珍。甲寅，定律令。戊午，正郊社、太庙雅乐。

庚申，召诸将议北征。太祖曰：『山东则王宣反侧，河南则扩廓跋扈，关陇则李思齐、张思道枭张猜忌，元祚将亡，中原涂炭。今将北伐，拯生民于水火，何以决胜？』遇春对曰：『以我百战之师，敌彼久逸之卒，直捣元都，破竹之势也。』太祖曰：『元建国百年，守备必固，悬军深入，馈饷不前，援兵四集，危道也①。吾欲先取山东，撤彼屏蔽，移兵两河，破其藩篱，拔潼关而守之，扼其户槛。天下形胜入我掌握，然后进兵，元都势孤援绝，不战自克。鼓行而西②，云中、九原、关陇可席卷也。』诸将皆曰善。

甲子，徐达为征虏大将军，常遇春为副将军，帅师二十五万，由淮入河，北取中原。胡廷瑞为征南将军，何文辉为副将军，取福建。湖广行省平章杨璟、左丞周德兴、参政张彬取广西。己巳，朱亮祖克温州。十一月辛巳，汤和克庆元，方国珍遁入海。壬午，徐达克沂州，斩王宣。己丑，廖永忠为征南副将军，自海道会和讨国珍。

乙未，颁《大统历》。辛丑，徐达克益都。十二月甲辰，颁律令。丁未，方国珍降，浙东平。张兴祖下东平，兖东州县相继降。己酉，徐达下济南。胡廷瑞下邵武。癸丑，李善长帅百官劝进，表三上，乃许。甲子，告于上帝。庚午，汤和、廖永忠由海道克福州。

洪武元年春正月乙亥，祀天地于南郊，即皇帝位。定有天下之号曰明，建元洪武。

注释 ①危道也：是危险的道路啊。②鼓行而西：大张旗鼓地往西行军。

译文 冬十月甲辰，派遣起居注吴琳、魏观带着金银财宝到全国各地访求在社会上的贤能人士。丙午，令文武百官的礼仪以左为上。于是改李善长为左相国，徐达为右相国。辛亥，分别在安庆和江州祭祀元朝大臣余阙、李黼。壬子，置立御史台。癸丑，命汤和为征南将军，吴祯为副将军，兴师讨伐方国珍。甲寅，制定法令。戊午，端正郊社、太庙雅乐。

庚申，召集各位将领商议北伐。太祖说：『在山东王宣反叛，在河南扩廓帖木儿专横跋扈，在关、陇李思齐、张思道强横而猜忌，元朝的统治行将灭亡，中原生灵涂炭。今日我军即将北伐中原，拯救百姓于水深火热之中，如何才能决战决胜？』常遇春回答说：『用我们百战百胜的军队，去对付敌人长期闲逸的士兵，直捣元大都，必是势如破竹的形势。』太祖说：『元朝建国百年，守备必然坚固，若孤军深入，粮饷不能运到前方，而敌人则可援兵四集，这是极为危险的战法。我想先取山东，撤其屏障，移师两河，破其藩篱，夺取潼关而坚守，控制敌人的门户。这样天下的山川地理就全都掌握在我们的手里，然后进兵，元朝大都势孤援绝，就可以不战而胜。再大张声势地向西进军，云中、九原、关、陇便可席卷而下了。』各位将领都称『善策』。

甲子，命徐达为征虏大将军，常遇春为副将军，统兵二十五万人，由淮河进入黄河，向北挺进夺取中原。命胡廷瑞为征南将军，何文辉为副将军，攻夺福建。命湖广行省平章杨璟、左丞周德兴、参政张彬挥师攻取广西。己巳，朱亮祖攻克温州。十一月辛巳，汤和攻克庆元，方国珍逃窜入海。壬午，徐达攻克沂州，斩杀王宣。己丑，命廖永忠为征南副将军，从海路会合汤和进讨方国珍。乙未，颁行《大统历》。辛丑，徐达攻克益都。十二月甲辰，颁布法令。丁未，方国珍投降，浙东平定。张兴祖攻下东平，兖州以东州县相继投降。己酉，徐达攻下济南。胡廷瑞攻下邵武。癸丑，李善长率领文武百官请太祖登皇帝位，三次上劝进表，才同意。甲子，祈告上帝。庚午，廖永忠由海路攻克福州。

洪武元年春正月乙亥，在南郊祭祀天地，即皇帝位。定国号为明，年号洪武。

帝天授智勇①，统一方夏，纬武经文，为汉、唐、宋诸君所未及。当其肇造之初，能沉几观变，次第经略，绰有成算②。尝与诸臣论取天下之略，曰：『朕遭时丧乱，初起乡土，本图自全。及渡江以来，观群雄所为，徒为生民之患，而张士诚、陈友谅尤为巨蠹。士诚恃富，友谅恃强，朕独无所恃。惟不嗜杀人，布信义，行节俭，与卿等同心共济。初与二寇相持，士诚尤逼近。或谓宜先击之。朕以友谅志骄，士诚器小，志骄则好生事，器小则无远图，故先攻友谅。鄱阳之役，士诚卒不能出姑苏一步以为之援。向使先攻士诚，浙西负固坚守，友谅必空国而来，吾腹背受敌矣。二寇既除，北定中原，所以先山东、次河洛，止潼关之兵不遽取秦、陇者，盖扩廓帖木儿、李思齐、张思道皆百战之余，未肯遽下，急之则并力一隅，猝未易定，故出其不意，反旆而北。燕都既举，然后西征。张、李望绝势穷，不战而克，然扩廓犹力抗不屈。向令未下燕都，骤与角力，胜负未可知也。』帝之雄才大略，料敌制胜，率类此。故能戡定祸乱，以有天下。语云『天道后起者胜』，岂偶然哉。

注释 ①帝天授智勇：上天授予的智慧和能力。②次第经略，绰有成算：循环经营，很有计划。

译文 太祖高皇帝凭借上天授给他的智慧和能力，统一了全中国，武功文治，为汉、唐、宋各位君主所未能及。当其开创功业之初，能够沉着镇定审时度势，循次经营，很有计划。经常与各位大臣议论夺取天下的策略，说：『我时逢死亡和战乱，当初起兵乡里，本为保全自己。及渡过长江以后，看到各处群雄的所作所为，只是祸害百姓，而张士诚、陈友谅尤其是大蛀虫。士诚倚仗富有，友谅倚仗兵强，只有我无所倚仗。我只是不爱好杀人，提倡信义，实行节俭，能和你们同舟共济。起初与张士诚、陈友谅这两个敌人相对峙，士诚尤为逼近，有说应该先击败他。我认为友谅性格骄傲，士诚器量狭小，性格骄傲必好生事端，器量狭小必没有远大的规划，所以首先攻打友谅。鄱阳湖之战，士诚终于不能走出姑苏一步，去支援陈友谅。假使首先攻打士诚，他在浙西负固坚守，友谅必会倾国而来，我就会腹背受敌了。士诚、友谅两个敌人既被消灭，北定中原，所以先取山东，次及河洛，而制止潼关的军队不急于夺取秦、陇，是因为扩廓帖木儿、李思齐、张思道都是身经百战之后，未必肯于匆忙甘拜下风。急于进攻，他们势必会联合在一起，一下子不容易平定，所以出其不意，将战旗转向北方。燕都既攻克，然后西征。张、李望绝势穷，不战而胜，然而扩廓仍在极力抗拒不肯屈服。假使那时未攻下燕都，骤然和他们斗力，谁胜谁负就未可知了。』太祖高皇帝的雄才大略，料敌如神，克敌制胜，都与此相类似。所以能够平定祸乱，直到得有天下。古语说『天道后起者胜』，这绝不是偶然的。